Divórcio

APÓS A EMENDA CONSTITUCIONAL
Nº 66/2010

Teoria e Prática

EDITORA AFILIADA

O livro é a porta que se abre para a realização do homem.

Jair Lot Vieira

Valéria Maria Sant´Anna

Divórcio
Após a Emenda Constitucional Nº 66/2010

Teoria e Prática

DIVÓRCIO – TEORIA E PRÁTICA

APÓS A EMENDA CONSTITUCIONAL Nº 66/2010

Valéria Maria Sant'Anna

© desta edição: Edipro Edições Profissionais Ltda. – CNPJ nº 47.640.982/0001-40

1ª Edição 2010

Editores: Jair Lot Vieira e Maíra Lot Vieira Micales
Produção editorial: *Murilo Oliveira de Castro Coelho*
Editoração: *Alexandre Rudyard Benevides*
Revisão: *Luana da Costa Araújo Coelho*
Arte: *Angela Luiz* e *Simone Melz*

Dados Internacionais de Catalogação na Publicação (CIP)
(Câmara Brasileira do Livro, SP, Brasil)

Sant'Anna, Valéria Maria
Divórcio : teoria e prática : após a Emenda Constitucional nº 66/2010 : Valéria Maria Sant'Anna -- Bauru, SP : EDIPRO, 2010.

ISBN 978-85-7283-719-4

1. Brasil - Constituição- (1988) - Emendas 2. Divórcio 3. Divórcio - Brasil I. Título. II. Série.

10-08356   CDU-342.4(81)"1988:347.627.2

Índices para catálogo sistemático:
1. Brasil : Emenda Constitucional n. 66/2010 : Divórcio : Direito civil
342.4(81)"1988:347.627.2

edições profissionais ltda.

São Paulo: Fone (11) 3107-4788 – Fax (11) 3107-0061
Bauru: Fone (14) 3234-4121 – Fax (14) 3234-4122
www.edipro.com.br

Homenagem

Somos o que construímos.
Mas para que isso aconteça devemos nos deixar influenciar,
auxiliar e ensinar.
Sempre é tempo de agradecer e até mesmo demonstrar
o quanto alguém nos foi importante, sem mesmo que ele o saiba.
Agradeço à Mestra em Direito Processual Civil que,
em sua forma de ensinar, me despertou o interesse pela pesquisa,
Dra. Afifi Habib Cury.

Dedicatória

A Tullo De Biaggi Netto
Incansável incentivador

Sumário

INTRODUÇÃO 11

A EMENDA "DO DIVÓRCIO" (nº 66, de 13 de julho de 2010) 15

1. O entendimento do Congresso sobre a Emenda 16

2. A simplificação no transcorrer dos anos 17

3. A proposta da Emenda Constitucional (PEC) 20

4. Questões controvertidas 22

    4.1. Divórcio com ou sem culpa? 22

    4.2. A separação judicial continua ou não? 28

    4.3. O que foi revogado na lei? 30

    4.4. É obrigatória a separação extrajudicial para quem possui os requisitos determinados em lei? 32

    4.5. Como ficam os processos de separação judicial em tramitação? 34

5. A família e o casamento 35

6. Desquite, separação judicial e divórcio 38

    6.1. Um pouco de história 38

7. A evolução para o desaparecimento da separação judicial do ordenamento jurídico brasileiro 42

8. As consequências legislativas e práticas 45

    8.1. Revogação das leis infraconstitucionais? 45

8.2. Como ficam os casos de separação, consensual e ligitiosa, que ainda não tiveram a sentença final? .. 47

8.3. E os separados judicialmente e ainda não divorciados? 47

8.4. Para esses separados far-se-á o pedido de conversão em divórcio? 48

9. A extinção do requisito temporal 49

10. O divórcio sem culpa – Extinção dos requisitos objetivos e subjetivos? 49

11. O casamento eficaz como pressuposto básico para o divórcio 51

12. Como fica a legislação? 53

   12.1. A normatização processual 53

   12.2. A Lei nº 11.441, de 4.1.2007 58

   12.3. O Código Civil e a Lei nº 6.515/1977 – "Lei do Divórcio" 58

   I – Artigos que devem ter desconsiderada a expressão "separação judicial" ou similares 59

   II – Artigos que deverão permanecer com sua redação até que não mais existam casos de pessoas separadas judicialmente ou se caduque o prazo ali estipulado 60

   III – Artigos revogados ou parcialmente revogados 63

   IV – Artigos que permanecem em vigor, alterando-se a expressão "separação judicial" para "divórcio" 63

13. Afinal, que tipos de divórcio passam a existir com a vigência da Emenda Constitucional nº 66/2010? Ainda se poderá utilizar a medida cautelar da separação de corpos? 73

   13.1. O divórcio extrajudicial 73

   13.2. O divórcio judicial consensual 73

SUMÁRIO 9

13.3. O divórcio judicial litigioso 74

13.4. A separação de corpos 74

MODELOS 75

1. Alimentos com filhos menores 75

2. Alimentos – sem filhos 77

3. Separação de corpos 79

4. Pedido de divórcio consensual 81

5. Divórcio – pedido unilateral 83

6. Divórcio – pedido unilateral de separados judicialmente 86

7. Divórcio extrajudicial – escritura pública 87

ANEXOS 91

Emenda Constitucional nº 66, de 13 de julho de 2010 91

Constituição Federal (Excertos)......................... 92

BIBLIOGRAFIA 96

Introdução

Publicadas no dia 14 de julho de 2010 no Diário Oficial da União, foram promulgadas as Emendas Constitucionais n° 65 e n° 66 que alteraram o Capítulo VII do Título VIII da Constituição Federal: Da Família, da Criança, do Adolescente, do Jovem e do Idoso (alteração pela EC n° 65/2010).

A explanação do Senador Sarney, no Diário do Congresso, (*in*: www.senado.gov.br/noticias/ – consulta dia 15.7.2010) é contundente quanto a intenção de desborucratização:

> (CONGRESSO – 13.7.2010 – 15h26)
>
> *Promulgadas as Emendas do Divórcio e da Juventude*
>
> O Congresso promulgou nesta terça-feira (13) duas novas emendas constitucionais: a Emenda 65, que abre espaço para a criação de políticas públicas destinadas aos jovens e a Emenda 66, que elimina a exigência de separação judicial prévia para obtenção do divórcio. As duas emendas serão agora encaminhadas à publicação, para entrarem em vigor.
>
> Realizada no Plenário do Senado, a sessão foi presidida pelo presidente do Congresso, senador José Sarney. A seu lado, estava o presidente da Câmara dos Deputados, Michel Temer, entre outros integrantes das duas Casas, inclusive os deputados Sérgio Barradas Carneiro (PT-BA), um dos autores da PEC do Divórcio, que teve como primeiro signatário o deputado Antonio Carlos Biscaia (PT-RJ), e Sandes Júnior (PP-GO), propositor da PEC da Juventude.

A Emenda 66 irá desburocratizar os procedimentos que atualmente retardam o divórcio. Hoje, um casal precisa requerer a separação judicial e ainda esperar um ano para obter o divórcio ou comprovar que já estão separados de fato por pelo menos dois anos. Ao abolir o tempo de espera pela confirmação da separação, a emenda antecipa o divórcio, deixando os recém-separados desimpedidos para novos casamentos.

• O Parlamento debateu o tema com os mais diversos segmentos da sociedade, sem que se alterasse o princípio maior da proteção à família. O procedimento para dissolução do casamento foi simplificado, diminuindo assim a interferência do Estado na vida das pessoas – disse Sarney.

O divórcio foi instituído no Brasil em 1977, após longa campanha liderada pelo então senador Nelson Carneiro. O texto adotado incluía o tempo de espera de dois anos. A atual PEC foi apresentada à Câmara por demanda do Instituto Brasileiro de Direito da Família (IBDFAM).

Atenção prioritária

A Emenda 65 inclui a menção ao jovem na redação do dispositivo constitucional que trata dos interesses da família, da criança, do adolescente e do idoso (título VIII, capítulo VII). Assim, passa a ser dever do Estado assegurar também a esse grupo populacional, com prioridade, políticas relativas a direitos como os da educação, lazer, profissionalização e proteção contra a exploração, negligência e violência.

• Para concretizar essa proteção, a nova norma constitucional determina que se crie o Estatuto da Juventude e o Plano Nacional da Juventude. Neste ponto, ressalto os avanços alcançados pela sociedade brasileira que, passo a passo, consolida o respeito pelos direitos humanos e a inclusão social daqueles que demandam uma proteção especial do Estado – disse Sarney.

Gorette Brandão / Agência Senado

Muito embora o presente trabalho esteja voltado à EC nº 66/2010, é interessante consignarmos, apenas no intuito de in-

INTRODUÇÃO 13

formar o leitor, que a EC nº 65, publicada no mesmo dia da "EMENDA DO DIVÓRCIO", altera o art. 227 da Constituição Federal, incluindo o jovem, além da criança, adolescente e idoso, no âmbito da proteção da família, da sociedade e do Estado, e, ainda, no § 8º, determina a elaboração do Estatuto do Jovem.

A princípio podemos dizer que a Emenda "apenas" acrescentou a palavra "jovem" ao texto, exceto no § 8º, quando determina que lei estabelecerá o estatuto da juventude e o plano nacional da juventude, o que nos leva a intuir que a intenção maior é consentir o fomento de políticas públicas específicas aos jovens.

Mas, fica a indagação: afinal, por que essa preocupação de incluir o jovem na Constituição e quem é o jovem (qual idade se deseja atingir)?

Em verdade, tal iniciativa vem em cumprimento à determinação da própria Constituição Federal, que, no inciso III de seu art. 3º, prescreve constituir um dos objetivos fundamentais da República Federativa do Brasil a erradicação da pobreza e a marginalização e reduzir as desigualdades sociais e regionais. O Poder Executivo, em 2005, oficializou o início dos trabalhos voltados à juventude quando da criação da Secretaria Nacional da Juventude (SNJ). A partir de então muito já se caminhou nesse sentido.

Acreditamos que esse passo venha, dentre muitos outros reflexos, atingir o casal que se divorcia com filho jovem, pois, atualmente, a lei protege o menor. Ou seja, ao cônjuge que não ficar com a guarda do filho, cabe o pagamento da pensão até ele atingir 18 anos. O pai ou a mãe que não está preocupado com a educação e a vida do filho após os seus 18 anos, se descompromete totalmente.

Com uma legislação voltada ao jovem que, ao que tudo indica, protegerá o indivíduo dos 18 aos 29 anos, conforme se pôde observar pelas iniciativas propostas pela Secretaria Nacional da Juventude, ou melhor, a partir de agora, pois o *caput* do art. 227

já está alterado, e melhor ainda com o Estatuto do Jovem, esperamos que essa triste história mude, e o alimentador seja obrigado a proteger sua prole até, pelo menos, que consiga seu primeiro emprego e possa subsistir sozinha.

O presente trabalho tentará abordar as consequências advindas da EC nº 66/2010, principalmente a discussão doutrinária sobre a necessidade ou não de se regulamentar o § 6º do art. 226 da Constituição Federal.

A Emenda "do Divórcio"
(nº 66, de 13 de julho de 2010)

A Emenda 66 alterou o § 6º do art. 226 da Constituição Federal que passa a ter a seguinte redação:

Art. 226. A família, base da sociedade, tem especial proteção do Estado.

§ 1º. O casamento é civil e gratuita a celebração.

§ 2º. O casamento religioso tem efeito civil, nos termos da lei.

§ 3º. Para efeito da proteção do Estado, é reconhecida a união estável entre o homem e a mulher como entidade familiar, devendo a lei facilitar sua conversão em casamento.

§ 4º. Entende-se, também, como entidade familiar a comunidade formada por qualquer dos pais e seus descendentes.

§ 5º. Os direitos e deveres referentes à sociedade conjugal são exercidos igualmente pelo homem e pela mulher.

§ 6º. O casamento civil pode ser dissolvido pelo divórcio.

• *§ 6º com redação dada pela Emenda Constitucional nº 66, de 13.7.2010.*

§ 7º. Fundado nos princípios da dignidade da pessoa humana e da paternidade responsável, o planejamento familiar é livre decisão do casal, competindo ao Estado propiciar recursos educacionais e científicos para o exercício desse direito, vedada qualquer forma coercitiva por parte de instituições oficiais ou privadas.

§ 8º. O Estado assegurará a assistência à família na pessoa de cada um dos que a integram, criando mecanismos para coibir a violência no âmbito de suas relações.

1. O ENTENDIMENTO DO CONGRESSO SOBRE A EMENDA

Demóstenes Torres, senador por Goiás pelo DEM, imediatamente se manifestou ao Diário do Congresso (*in*: www.sena do.gov.br/noticias/ – consulta efetuada no dia 15.7.2010):

(CONGRESSO – 13.7.2010 – 16h48)

O senador Demóstenes Torres (DEM-GO) entende que a vigência da chamada PEC do Divórcio irá extinguir todos os processos de separação judicial em exame, assim como aqueles em que os casais já obtiveram essa decisão, estando na fase de cumprir os dois anos para o pedido do divórcio. Agora, como afirma o senador, essas pessoas também poderão requerer de forma direta e imediata o próprio divórcio.

Demóstenes fez a avaliação nesta terça-feira (13), após a promulgação, em sessão do Congresso Nacional, da emenda constitucional que acaba com a separação judicial (**PEC 42/08**). Agora, a PEC será publicada, começando então a vigorar. Originária da Câmara dos Deputados, a proposta foi relatada por Demóstenes na Comissão de Constituição, Justiça e Cidadania (CCJ), tendo sido aprovada em Plenário na semana passada.

Em entrevista após a sessão, Demóstenes considerou que, a partir da publicação da emenda, quem tiver pedido a separação judicial ou estiver cumprindo o chamado período de "pedágio" para pedir o divórcio fica livre das restrições que vinham vigorando.

Todos serão beneficiados com a emenda imediatamente, porque toda lei tem retroatividade ou ulterioridade, ou seja, vai para trás ou à frente, como regra geral – disse o senador.

Demóstenes ressalvou apenas, como hipótese impeditiva da retroatividade, as situações em que a lei adotada "ferir a coisa julgada, o ato jurídico perfeito ou prejudicar direito adquirido". No caso da lei penal, também não poderia haver retroação para prejudicar o que já tenha sido julgado.

No entanto, como observou, não se trata de nenhum desses casos. Pelo contrário, quem deseja se separar está ganhando um benefício, seja de tempo como até mesmo de economia de medidas administrativas ou judiciais, inclusive pagamento de advogados e de despesas cartoriais.

Já simplificamos os processos para o casamento e agora fazemos o mesmo com a separação. Quem se casou e daqui a um mês não quer mais ficar casado, entra com o divórcio. Depois, se quiser casar de novo, inclusive com a mesma pessoa, tudo bem. O que não tem nenhum cabimento é manter juntos os que querem estar separados – afirmou.

Gorette Brandão / Agência Senado

2. A SIMPLIFICAÇÃO NO TRANSCORRER DOS ANOS

A Emenda Constitucional n° 66/2010 alterou o § 6° do art. 226 da Constituição de 1988 para:

§ 6°. O casamento civil pode ser dissolvido pelo divórcio.

A redação anterior desse § era assim:

§ 6°. O casamento civil pode ser dissolvido pelo divórcio, após prévia separação judicial por mais de um ano nos casos expressos em lei, ou comprovada separação de fato por mais de dois anos.

A Constituição de 1967, com a Emenda de 1969, em seu art. 175 alterado pela Emenda Constitucional nº 9, de 1977, trazia em seu § 1º:

§ 1º. O casamento somente poderá ser dissolvido, nos casos expressos em lei, desde que haja prévia separação judicial por mais de três anos;

E esse mesmo parágrafo antes de 1977 era assim redigido:

§ 1º. O casamento é indissolúvel.

Como se pode observar, até muito recentemente o casamento era uma instituição indissolúvel pela legislação brasileira. Com a Emenda Constitucional nº 9, no ano de 1977 (há apenas 33 anos), possibilitou-se seu distrato, nos casos previstos em lei e ainda com prévia separação por mais de três anos. A separação judicial era requisito necessário e prévio para o pedido de divórcio (conversão em divórcio).

Foi nesse mesmo ano a promulgação da famosa "Lei do Divórcio" – Lei nº 6.515, de 26 de dezembro de 1977 – regulamentadora dos casos de dissolução da sociedade conjugal e do casamento, seus efeitos e respectivos processos. Deixou de existir, nesse ano, a terminologia "desquite".

Com o advento da Constituição de 1988, para a realização do divórcio, o prazo de separação foi alterado. Até então, somente poderia se divorciar quem estivesse separado **judicialmente** por mais de **três** anos. A partir de 1988, poderia divorciar-se quem estivesse separado **judicialmente** por mais de **um** ano ou comprovada separação **de fato** por mais de **dois** anos.

Em um interstício temporal de apenas 11 anos, aquela sociedade que rechaçava o divórcio passou a aceitá-lo e diminuiu de 3 para 1 ano o tempo de separação judicial antes do divórcio, bem como a separação judicial deixou de ser um requisito para aquele, passando a ser facultativa (desde que se comprovasse a separação de fato por mais de dois anos).

Em verdade a legislação estava amoldando-se às necessidades de fato da sociedade, pois diante da realidade de tantas separações de fato e uniões ilícitas civilmente, o legislador necessitava iniciar os passos para uma abertura legal.

Todavia, tínhamos, ainda, a influência religiosa imperando na sociedade, e, portanto, a lei deveria expressamente prever as tentativas conciliatórias. O § 2º do art. 3º da Lei 6.515/77 determinava:

§ 2º. O juiz deverá promover todos os meios para que as partes se reconciliem ou transijam, ouvindo pessoal e separadamente cada uma delas e, a seguir reunindo-as em sua presença, se assim considerar necessário.

E, como havia o entendimento de que as partes, após a separação, poderiam, ainda, vir a se arrepender do ato e retornar à vida matrimonial, o requisito seguinte a ser cumprido para o requerimento do divórcio era aguardar mais um tempo.

Vinte e dois anos depois a lei é simplificada: "o casamento civil pode ser dissolvido pelo divórcio". E pronto!

Realmente um fruto de amadurecimento e inteligibilidade para a simplicidade!

Não podemos nos olvidar de que, quando da promulgação da Lei nº 6.515, em 1977, só existia a possibilidade de se divorciar uma única vez; era o que previa o seu art. 38, revogado pela Lei nº 7.841/1989, quando, então (para horror dos mais conservadores), uma pessoa passou a ter a liberdade de se divorciar quantas vezes entendesse necessário:

Art. 38. O pedido de divórcio, em qualquer dos seus casos, somente poderá ser formulado uma vez.

Por fim, quando da promulgação da Constituição de 1988, já se podia prever que a separação, de fato ou judicial, estava com seus dias contados como pré-requisito para se chegar ao divórcio. Basta nos atentarmos para o § 3º do próprio art. 226:

§ 3º. Para efeito da proteção do Estado, é reconhecida a união estável entre o homem e a mulher como entidade familiar, devendo a lei facilitar sua conversão em casamento.

Ora, se um casal passou a ter a proteção do Estado em uma união estável, a partir de então seria muito mais simples ocorrer essa união antes do casamento civil oficial, em cartório, do que se efetivar tal ato para, depois, se aperceber que poderia não ter sido tomada a decisão correta (o casamento) e ter de recorrer à separação! Ou seja, com o tempo, na prática, com o fortalecimento legal da união estável e a dificuldade para se atingir o divórcio, a instituição casamento estaria fadada ao desuso.

3. A PROPOSTA DA EMENDA CONSTITUCIONAL (PEC)

Proposta encampada, em 2005, pelo Deputado Antônio Carlos Biscaia (PEC 413/2005), e reapresentada, em 2007, pelo Deputado Sérgio Barradas Carneiro (PEC 33/2007), veio com a seguinte justificativa:

> Não mais se justifica a sobrevivência da separação judicial, em que se converteu o antigo desquite. Criou-se, desde 1977, com o advento da legislação do divórcio, uma duplicidade artificial entre dissolução da sociedade conjugal e dissolução do casamento, como solução de compromisso entre divorcistas e antidivorcistas, o que não mais se sustenta. Impõe-se a unificação no divórcio de todas as hipóteses de separação dos cônjuges, sejam litigiosas ou consensuais. A submissão a dois processos judiciais (separação judicial e divórcio por conversão) resulta em acréscimos de despesas para o casal, além de prolongar sofrimentos evitáveis.

> Por outro lado, essa providência salutar, de acordo com valores da sociedade brasileira atual, evitará que a intimidade e a vida privada dos cônjuges e de suas famílias sejam re-

veladas e trazidas ao espaço público dos tribunais, com todo o caudal de constrangimentos que provocam, contribuindo para o agravamento de suas crises e dificultando o entendimento necessário para a melhor solução dos problemas decorrentes da separação.

Com todas essas argumentações, a proposta previa a seguinte redação para o § 6º do art. 226 da Constituição Federal:

§ 6º. O casamento civil pode ser dissolvido pelo divórcio consensual ou litigioso, na forma da lei.

A redação aprovada suprimiu a expressão "consensual ou litigioso" com muita propriedade, pois a Constituição tem a função de dar apenas o norteamento. Cabe à legislação complementar e ordinária determinar as formas para o atendimento e aplicabilidade do texto constitucional.

Mas, o texto constitucional aprovado também suprimiu a expressão "na forma da lei". Apenas determina que o casamento civil pode ser dissolvido pelo divórcio.

Um ponto delicado a ser estudado. Até então, todas as normas Constitucionais, ao se referirem à dissolução do casamento pelo divórcio, sempre foram complementados pela expressão "na forma da lei", ou seja, expressamente a Constituição determinava uma regulamentação desse instituto por lei ordinária.

Com a supressão dessa expressão, poder-se-á entender que o divórcio puro e simples passa a ser válido no país sem necessidade de qualquer regulamentação. Mas esse não é o caso.

Devemos nos lembrar que as normas constitucionais contêm os elementos estruturais da nação e a definição fundamental dos direitos e deveres do homem (considerado como indivíduo e também como cidadão), cabendo às leis complementares e ordinárias a regulamentação desses direitos e deveres para o devido cumprimento à Lei Maior. Não é necessário que a Constituição expressamente preveja a regulamentação de sua determinação.

E o que temos, neste momento em que a Emenda Constitucional nº 66/2010 foi publicada, é uma legislação ordinária voltada ao ordenamento antigo e que necessita, com urgência, ser remodelada.

Enquanto isso não acontecer, devemos interpretar a lei com equidade sempre tendo em mente que foi feita enquanto o Estado entendia ser necessária a existência do instituto da separação judicial, regulamentando, dessa forma, os requisitos objetivos e subjetivos para se alcançar a separação e não o divórcio.

Agora, uma vez que a Lei Maior eliminou esse instituto, essas regulamentações devem ser emprestadas ao instituto do divórcio enquanto não houver nova normatização.

4. QUESTÕES CONTROVERTIDAS

Desde que a proposta surgiu no Congresso, juristas e doutrinadores têm se manifestado com posicionamentos divergentes. "Visitamos" o site do Instituto Brasileiro de Direito de Família (IBDFAM) e colhemos algumas opiniões:

4.1. Divórcio com ou sem culpa?

Pedro Luiz Netto Lobo (diretor regional do IBDFAM Nordeste, advogado, ex-ministro conselheiro do CNJ, membro da International Society of Family Law e doutor em Direito Civil pela USP) é a favor do "divórcio sem culpa" e da desnecessidade de qualquer regramento ao Divórcio:

> O divórcio sem culpa já tinha sido contemplado na redação originária do § 6º do art. 226, ainda que dependente do requisito temporal. A nova redação vai além, quando exclui a conversão da separação judicial, deixando para trás a judicialização das histórias pungentes dos desencontros sentimentais.

O direito deixa para a história da família brasileira essa experiência decepcionante de alimentação dos conflitos, além das soluções degradantes proporcionadas pelo requisito da culpa.

Os direitos legítimos eram aviltados em razão da culpa do cônjuge pela separação: os filhos tinham limitado o direito à convivência com os pais considerados culpados; o poder familiar era reduzido em razão da culpa; os alimentos eram suprimidos ao culpado, ainda que deles necessitasse para sobreviver; a partilha dos bens comuns era condicionada à culpa ou inocência.

O Código Civil de 2002 reduziu bastante esses efeitos, mas não conseguiu suprimi-los de todo: o culpado perde o direito ao sobrenome do outro (art. 1.578); os alimentos serão apenas o necessário à subsistência para o culpado (art. 1.694); o direito sucessório é afetado se o cônjuge sobrevivente for culpado da separação de fato (art. 1.830).

Frise-se que o direito brasileiro atual está a demonstrar que a culpa na separação conjugal gradativamente perdeu as consequências jurídicas que provocava: a guarda dos filhos não pode mais ser negada ao culpado pela separação, pois o melhor interesse deles é quem dita a escolha judicial; a partilha dos bens independe da culpa de qualquer dos cônjuges; os alimentos devidos aos filhos não são calculados em razão da culpa de seus pais e até mesmo o cônjuge culpado tem direito a alimentos "indispensáveis à subsistência"; a dissolução da união estável independe de culpa do companheiro.

A culpa permanecerá em seu âmbito próprio: o das hipóteses de anulabilidade do casamento, tais como os vícios de vontade aplicáveis ao casamento, a saber, a coação e o erro essencial sobre a pessoa do outro cônjuge. A existência de culpa de um dos cônjuges pela anulação do casamento leva à perda das vantagens havidas do cônjuge inocente e ao cumprimento das promessas feitas no pacto antenupcial (art. 1.564 do Código Civil).

Também são extintas as causas objetivas, ou seja, aquelas que independem da vontade ou da culpa dos cônjuges. Para a separação judicial havia duas causas objetivas: a) a ruptura da vida em comum há mais de um ano; b) a doença mental de um dos cônjuges, deflagrada após o casamento. Para o divórcio direto, havia apenas uma: a separação de fato por mais de dois anos. Todas desapareceram. Não há mais qualquer causa, justificativa ou prazo para o divórcio.

Se houve erro sobre a pessoa do outro cônjuge, revelado após o casamento e utilizado como motivação do pedido, a hipótese é de anulação do casamento e não do divórcio. Portanto, não há espaço no pedido de divórcio para qualquer explicitação de causa subjetiva ou objetiva; simplesmente, os cônjuges resolvem se divorciar, guardando para si suas razões.

José Fernando Simão é da mesma opinião, direcionando o problema da "culpa" para feito autônomo:

> Na realidade, deve-se esclarecer que quando da extinção do casamento por divórcio será inadmissível o debate de culpa. Sim, inadmissível o debate de culpa por ser algo que apenas gera uma injustificada demora processual em se colocar fim ao vínculo.

> O debate em torno da culpa impede a extinção célere do vínculo e sujeita, desnecessariamente, os cônjuges a uma dilação probatória das mais lentas e sofridas.

> Ao leitor que não fique a impressão que a culpa desapareceu do sistema, ou que simplesmente se fará de conta (no melhor estilo dos contos de fada) que o cônjuge não praticou atos desonrosos contra o outro, que não quebrou com seus deveres de mútua assistência e fidelidade.

> A culpa será debatida no *locus* adequado em que surtirá efeitos: a ação autônoma de alimentos ou eventual ação de indenização promovida pelo cônjuge que sofreu danos morais ou éticos.

O leitor pode estar se perguntando qual é a vantagem da mudança introduzida quando da aprovação da PEC. A mudança é evidente e espetacular: o divórcio se dará de maneira célere e com um único ato (seja uma decisão judicial ou escritura pública nos casos admitidos pela Lei n° 11.441, de 4 de janeiro de 2007) o casamento estará desfeito e os antigos cônjuges poderão, agora, divorciados, buscar, em nova união ou casamento, a felicidade que buscaram outrora na relação que se dissolve.

Assim, se necessário, que passem anos discutindo a CULPA em uma morosa ação de alimentos ou de indenização por danos morais, mas já então livres para buscarem sua realização pessoal e felicidade.

Sim, discuta-se a culpa, mas não mais entre cônjuges (presos por um vínculo indesejado) e sim em ações autônomas, entre ex-cônjuges.

Uma questão pode ainda gerar dúvidas na doutrina: a questão da perda do sobrenome pelo cônjuge culpado. Isso porque determina o art. 1.578 do Código Civil que:

"O cônjuge declarado culpado na ação de separação judicial perde o direito de usar o sobrenome do outro, desde que expressamente requerido pelo cônjuge inocente e se a alteração não acarretar: I – evidente prejuízo para a sua identificação; II – manifesta distinção entre o seu nome de família e o dos filhos havidos da união dissolvida; III – dano grave reconhecido na decisão judicial."

Então surge a pergunta: se a culpa deixar de ser discutida na ação de separação judicial, como se dará a perda do sobrenome? Algumas ponderações, ainda que iniciais e sujeitas a críticas, devem ser feitas.

A perda do sobrenome em decorrência da culpa é algo que, em princípio, fere direito de personalidade. O direito ao nome, que conta com a proteção direta do Código Civil, e indireta na

Constituição Federal (art. 5º), não pode ser afetado em razão de seu *status* e de suas qualidades (irrenunciabilidade, intransmissibilidade, indisponibilidade, dentre outras) pela conduta culposa do cônjuge.

Na realidade, a perda de uso do sobrenome comporta exceções amplíssimas, exatamente para a proteção do direito de personalidade. Assim vejamos.

Não haverá perda se houver evidente prejuízo para a identificação do cônjuge culpado. É o caso de pessoas de renome que são conhecidas no meio em que trabalham ou convivem. Assim, poucas pessoas conhecem Marta Teresa Smith de Vasconcelos, mas certamente muitos conhecem Marta Suplicy, que recebeu o sobrenome a partir de seu casamento com o Senador Eduardo Suplicy em 1964. Ainda que a ex-prefeita e ministra tenha tido culpa quando do fim do casamento, poderia ela perder o direito de uso do sobrenome? O sobrenome Suplicy é dela ou apenas de seu ex-marido Eduardo? Podemos lembrar outras pessoas; Lucinha Lins (nascida Lúcia Maria Werner Vianna cujo Lins veio do casamento com o compositor e cantor Ivan Lins); Lygia Fagundes Telles (que nasceu Lygia de Azevedo Fagundes e tornou-se Telles quando do casamento com o Eminente Professor e Jurista Gofredo da Silva Telles Jr. no ano de 1950).

Ainda, não haverá a perda do uso do sobrenome do inocente, se houver manifesta distinção entre o seu nome de família e o dos filhos havidos da união dissolvida. Há casos em que o filho tem apenas o sobrenome paterno, e não o materno. Se a esposa culpada perder o direito de uso do sobrenome do marido, haveria nítida distinção, o que poderia gerar eventualmente prejuízos aos filhos.

Por fim, não há perda se houver dano grave reconhecido na decisão judicial. A locução é amplíssima e a ofensa a um direito de personalidade, em meu sentir, é um dano grave.

Em resumo, o cônjuge culpado não perde o direito de u-sar o "sobrenome do outro", porque, na realidade, o sobrenome é seu mesmo, já que passou a integrar seu nome quando do casamento. Trata-se de nome próprio e não de terceiros. A perda do sobrenome, que revela afronta ao direito de personalidade, em decorrência da culpa é anacronismo que chegará ao fim em boa hora.

Assim, a questão do sobrenome não será obstáculo ao fim do debate da culpa em ação de extinção de vínculo conjugal.

Gladys Maluf Chamma Amaral Salles (associada ao IBD-FAM e advogada em São Paulo) tem opinião contrária:

> Caso seja aprovada a PEC do divórcio direto, será possível ingressar desde o início com ação de divórcio litigioso. Para o litigante a única diferença será a desnecessidade de, através de novo processo e após longa batalha nos autos da ação de separação litigiosa, ter decretado seu divórcio.

Há, todavia, aqueles que defendem que como nos processos de divórcio não se admite a discussão da culpa, se aprovada a PEC do divórcio não seria mais permitido discuti-la ainda que desrespeitados pelos cônjuges os deveres do casamento. Ou seja, entendem referidos profissionais que culpado ou não, para o cônjuge sair do relacionamento bastaria requerer o divórcio e pronto.

De fato, pela legislação atual ordinária, não há possibilidade de discussão da culpa no divórcio – que deve ser decretado tão somente com base no lapso temporal.

Todavia, entendemos que o objetivo do legislador não é o de suprimir a discussão da culpa em caso de ruptura da vida em comum do casal, mas apenas de eliminar a figura da separação litigiosa permitindo que qualquer debate tenha lugar nos autos do divórcio. Não há como simplesmente proibir a discussão da culpa, da violação dos deveres do casamento, da conduta desonrosa. Do contrário, qualquer um, em rompante de mau humor, poderá destruir seu lar e se livrar de sua família com um simples requerimento judicial sem qualquer tipo de explicação ou punição, o que não se pode admitir.

4.2. A separação judicial continua ou não?

Esclarecedor e ponderado o artigo de Maria Berenice Dias (Advogada especializada em Direito das Famílias e Sucessões. Ex-Desembargadora do Tribunal de Justiça-RS. Vice-Presidenta Nacional do IBDFAM):

> (...) Não é possível deixar de ler o novo texto constitucional sem atentar ao que antes estava escrito. A redação anterior dizia: o casamento civil pode ser dissolvido pelo divórcio, após prévia separação judicial por mais de um ano nos casos expressos em lei, ou comprovada separação de fato por mais de dois anos.
>
> Ou seja, eram impostas restrições à concessão do divórcio: (a) ter ocorrido a separação judicial há mais de um ano; ou (b) estarem os cônjuges separados de fato há pelo menos dois anos.
>
> Ao ser excluída a parte final do indigitado dispositivo constitucional, desapareceu toda e qualquer restrição para a concessão do divórcio, que cabe ser concedido sem prévia separação e sem o implemento de prazos. A partir de agora a única ação dissolutória do casamento é o divórcio que não mais exige a indicação da causa de pedir. Eventuais controvérsias referentes a causa, culpa ou prazos deixam de integrar o objeto da demanda.
>
> No entanto, como foi mantido o verbo "pode" há quem sustente que não desapareceu o instituto da separação, persistindo a possibilidade de os cônjuges buscarem sua concessão pelo só fato de continuar na lei civil dispositivos regulando a separação.

A conclusão é para lá de absurda, pois vai de encontro ao significativo avanço levado a efeito: afastou a interferência estatal que, de modo injustificado, impunha que as pessoas se mantivessem casadas. O instituto da separação foi eliminado. Todos os dispositivos da legislação infraconstitucional a ele referente restaram derrogados e não mais integram o sistema jurídico. Via de consequência, não é possível buscar em juízo a decretação do rompimento da sociedade conjugal. (...)

É necessário alertar que a novidade atinge as ações em andamento. Todos os processos de separação perderam o objeto por impossibilidade jurídica do pedido (CPC, art. 267, inciso VI). Não podem seguir tramitando demandas que buscam uma resposta não mais contemplada no ordenamento jurídico.

No entanto, como a pretensão do autor, ao propor a ação, era pôr um fim ao casamento, e a única forma disponível no sistema legal pretérito era a prévia separação judicial, no momento em que tal instituto deixa de existir, ao invés de extinguir a ação, cabe transformá-la em ação de divórcio. Eventualmente cabe continuar sendo objeto de discussão as demandas cumuladas, como alimentos, guarda, partilha de bens, etc. Mas o divórcio cabe ser decretado de imediato. (...)

Como o pedido de separação tornou-se juridicamente impossível, ocorreu a superveniência de fato extintivo ao direito objeto da ação, o que precisa ser reconhecido de ofício pelo juiz (CPC art. 462). Deste modo sequer há a necessidade de a alteração ser requerida pelas partes. Somente na hipótese de haver expressa oposição de ambos os separandos à concessão do divórcio, deve o juiz decretar a extinção do processo.

Do mesmo modo, encontrando-se o processo de separação em grau de recurso, descabe ser julgado. Sequer é necessário o retorno dos autos à origem, para que o divórcio seja decretado pelo juízo singular. Deve o relator decretar o divórcio, o que não fere o princípio do duplo grau de jurisdição.

Newton Teixeira Carvalho (Juiz de Direito da 1ª Vara de Família em Belo Horizonte. Professor de Processo e Direito de Família da Faculdade Superior Dom Hélder Câmara. Mestre em Direito Processual Civil e membro do IBDFAM) deixou as seguintes sugestões:

> Portanto, se não mais existe separação no Brasil, como ficam as ações ou requerimentos de separação em andamento ou já julgados? Sugerimos o seguinte:
>
> • a) com relação às separações em andamento, o juiz ou o Tribunal deverá facultar às partes, no prazo de 10 (dez) dias, requerer, nos próprios autos, a conversão da separação em divórcio, inclusive se já prolatada sentença, porém sem o trânsito em julgado. Caso não modificado o pedido, de separação para divórcio, os autos deverão ser extintos, por impossibilidade jurídica do pedido. Não há que se falar em direito adquirido contra a Constituição Federal, mesmo em se tratando de Emenda Constitucional. Evidentemente que, se existirem pedidos cumulados, a ação prosseguirá, normalmente, com relação aos pedidos remanescentes e independentes, como por exemplo, alimentos, guarda, etc.;
>
> • b) no que tange às separações já decretadas, com sentença trânsita em julgado, a qualquer momento o divórcio poderá ser pleiteado, em apenso. Enquanto não pleiteado o divórcio, o estado destas pessoas continua como de separado;
>
> • c) caso, a partir de hoje, haja pedido de separação, os autos deverão, de plano, ser extintos, por impossibilidade jurídico do pedido, eis que não mais há separação no direito brasileiro.

4.3. O que foi revogado na lei?

Para José Fernando Simão a revogação dos artigos que regulam a separação judicial é certa:

DIVÓRCIO APÓS A EC Nº 66/2010   31

(...) De início, frise-se que com a alteração fica definitivamente BANIDA DO SISTEMA A SEPARAÇÃO DE DIREITO, seja ela judicial (arts. 1.571 e segs. do CC) ou extrajudicial (Lei nº 11.441/2007).

Assim sendo, com o banimento do sistema, de imediato, alguns artigos do Código Civil deverão ser lidos ignorando-se os termos "separação judicial" ou "separado judicialmente", mas, continuarão a produzir efeitos quanto a seus demais aspectos. São eles: arts. 10, 25, 792, 793, 980, 1.562, 1.571, § 2º, 1.580, 1.583, 1.584, 1.597, 1.632, 1.683, 1.775 e 1.831.

Já outros dispositivos estão definitivamente condenados e devem ser considerados excluídos do sistema. São eles: art. 27, I, 1.571, III, 1.572, 1.573, 1.574, 1.575, 1.576, 1.577 e 1.578.

No mesmo diapasão Rodrigo da Cunha Pereira (Presidente do Instituto Brasileiro de Direito de Família – IBDFAM, Doutor em Direito Civil (UFPR) e Advogado em Belo Horizonte):

O Direito Civil Constitucional tão bem sustentado pelos juristas Luiz Edson Fachin, Gustavo Tepedino, Paulo Lôbo, Maria Celina Bodin de Moraes, dentre outros, vem exatamente na direção que aqui se argumenta, ou seja, a legislação infraconstitucional não pode ter uma força normativa maior que a própria Constituição. Em outras palavras, se o novo texto do § 6º do art. 226 retirou de seu corpo a expressão separação judicial, como mantê-la na legislação infraconstitucional? É necessário que se compreenda, de uma vez por todas, que a hermenêutica Constitucional tem que ser colocada em prática, e isso compreende suas contextualizações política e histórica.

A interpretação das normas secundárias, ou seja, da legislação infraconstitucional, deve ser compatível com o comando maior da Carta Política. O conflito com o texto constitucional atua no campo da não recepção. Essa é a posição de nossa Corte Constitucional, em julgamento de 2007, que traduz exatamente essa assertiva: "O conflito de norma com preceito constitucional superveniente resolve-se no campo da não-recepção".

Vê-se, portanto, mais uma razão da desnecessidade de se manter o instituto da separação judicial, pois, ainda que se admitisse a sua sobrevivência, a norma constitucional permite que os cônjuges atinjam seu objetivo com muito mais simplicidade e vantagem. Ademais, em uma interpretação sistemática não se pode estender o que o comando constitucional restringiu. Toda legislação infraconstitucional deve apresentar compatibilidade e nunca conflito com o texto constitucional. Assim, estão automaticamente revogados os arts. 1.571, III, 1.572, 1.573, 1.574, 1.575, 1.576, 1.577 e 1.578 do Código Civil. Da mesma forma, e pelo mesmo motivo, os artigos da Lei nº 6.015/1973 (Lei de Registros Públicos) e da Lei nº 10.406/2002 (Divórcio por Escritura Pública), bem como os artigos adiante mencionados deverão ser lidos desconsiderando-se a expressão "separação judicial", à exceção daqueles que já detinham este estado civil anteriormente a EC nº 66/2010, mantendo seus efeitos para os demais aspectos: 10, I, 25, 27, I, 792, 793, 980, 1.562, 1.571, § 2º, 1.580, 1.583, 1.683, 1.775 e 1.831.

4.4. É obrigatória a separação extrajudicial para quem possui os requisitos determinados em lei?

Ezequiel Morais (Advogado. Ex-conselheiro da OAB. Professor em diversos cursos de pós-graduação. Coordenador do IESPE. Professor da Escola Superior de Advocacia. Palestrante. Membro do IBDFAM) explana sobre a facultatividade de sua utilização:

> Dentre os fatores que influenciam os cônjuges no momento de decidir qual o meio para efetivar o divórcio, podemos alistar os seguintes: (i) rapidez, menor onerosidade e desburocratização (na via administrativa) e (ii) segredo de justiça, reduzida possibilidade de fraude e maior confiança no Estado-juiz (na via judicial).

Assim, a Lei n° 11.441/2007, em vigor há mais de três anos, continua a lançar dúvidas e variados questionamentos de ordem administrativa e processual. Cabe, então, à doutrina e à jurisprudência aclarar o texto legal e sanar as eventuais omissões.

Aliás, surgiram incertezas até mesmo onde a referida lei e a intenção do legislador pareciam cristalinas (respeitadas as opiniões em contrário), *ex vi* da redação do art. 1.124-A, *caput*, do CPC: "A separação consensual (lembramos que foi extinta com o advento da Emenda Constitucional n° 66, de 13 de julho de 2010) e o divórcio consensual, não havendo filhos menores ou incapazes do casal e observados os requisitos legais quanto aos prazos, poderão ser realizados por escritura pública, da qual constarão as disposições relativas à descrição e à partilha dos bens comuns e à pensão alimentícia e, ainda, ao acordo quanto à retomada pelo cônjuge de seu nome de solteiro ou à manutenção do nome adotado quando se deu o casamento".

Do mencionado dispositivo despontou a questão: o divórcio, a partilha e o inventário, desde que satisfaçam as exigências legais, devem ser realizados extrajudicialmente, isto é, o procedimento extrajudicial é obrigatório? Será esse o espírito da lei – restringir direitos? Limitar ao invés de ampliar? Será essa a intenção da lei e do legislador?

Antes, pois, cumpre obtemperar que já se passou o tempo (nada nostálgico, diga-se *en passant*) da exigência de exaurir a instância administrativa para, somente após, ser possível acessar o Judiciário. As incessantes mudanças conceituais e estruturais bradam por leis modernas, por interpretações finalísticas e extensivas, em prestígio às novas gerações de direitos humanos e ao princípio da dignidade da pessoa humana – megaprincípio.

Na moldura ora delineada, vale ressaltar a vontade expressa e indubitável do legislador em inúmeros trechos dos projetos de lei que ensejaram no art. 1.124-A do CPC – é o que se denota das respectivas exposições de motivos e justificativas. Nesse diapasão, *pro bono publico*, concluímos que a Lei nº 11.441/2007 não obsta (e nem deveria!) a utilização da via judicial, ou seja, todos os direitos e princípios constitucionais dão suporte ao assentamento da facultatividade em terras firmes.

4.5. Como ficam os processos de separação judicial em tramitação?

Arnoldo Camanho de Assis (Desembargador do Tribunal de Justiça do Distrito Federal e Territórios. Especialista em Direito Público (UnB) e em Direito do Consumo (Universidade de Coimbra). Professor de Direito Processual Civil na ATAME, na Escola da Magistratura do Distrito Federal e no Instituto Brasiliense de Direito Público-IDP. Membro do Instituto Brasileiro de Direito Processual. Presidente do IBDFAM-DF) entende que os feitos somente poderão ser convertidos em divórcio se as partes assim o requererem:

Há vozes a sustentar que, com a extinção da separação judicial, os processos que tenham esse objetivo devam ser igualmente extintos, por perda superveniente do seu objeto (art. 267, inciso VI, do CPC). Todavia, o princípio da razoabilidade permite ao juiz condutor do feito que conceda às partes (no procedimento litigioso) ou aos interessados (no procedimento de jurisdição voluntária) prazo para que adaptem seu pedido, postulando o divórcio no lugar da separação. Nesse caso, não seria jurídico impor às partes a restrição constante do art. 264, do CPC, sobretudo porque não se trata de inovação do pedido no curso do processo, em eventual desrespeito ao princípio da boa-fé objetiva. Cuida-se, a rigor, de supressão da base normativa que conferia sustentação jurídica ao pedido formulado, sendo necessário adaptar o pedido à nova ordem jurídico-constitucional a fim de que se dê ao processo máxima efetividade. (...)

Se, concedido o prazo para adaptação do pedido e as partes permanecerem inertes, a única solução viável será a extinção do processo, por impossibilidade jurídica do pedido (art. 267, inciso VI, do CPC). Destaque-se que não é possível "dar por adaptado" o pedido, automaticamente, porque quem formula o pedido é a parte, cabendo ao Juiz, apenas, aferir a relação de compatibilidade entre o pedido formulado e o ordenamento jurídico. A Constituição, ao suprimir o instituto da separação judicial, não disse estarem automaticamente convertidos em divórcio os pedidos de separação judicial feitos antes de a EC n° 66/2010 entrar em vigor, nem há permissão, no sistema processual civil, para uma tal "conversão automática", que possa eventualmente ocorrer à revelia da vontade das partes.

Esses são alguns exemplos de manifestação de diversos profissionais da área do Direito com opiniões e soluções para várias dúvidas, dentre muitas outras que deixamos de mencionar por considerá-las por demais teóricas ou divergentes, inclusive, dos procedimentos já adotados, como é o caso do divórcio por escritura que algumas pessoas manifestaram-se no sentido de sua total revogação.

Antes de raciocinarmos sobre as consequências da EC n° 66/2010, no intuito de aclarar o caminho que as legislações tomaram para chegarmos ao divórcio como agora o é e para melhor conhecer o pensamento de nossos legisladores, entendemos por bem fazer um breve histórico sobre a família e o casamento.

5. A FAMÍLIA E O CASAMENTO

Para podermos entender o significado do desaparecimento da separação judicial do ordenamento brasileiro, faz-se necessária a compreensão do conceito de família e casamento.

Oriunda do Direito Romano, a palavra "família" era aplicada em vários sentidos e também utilizada em relação às coisas, para designar o conjunto do patrimônio, ou a totalidade dos escravos pertencentes a um senhor. Em um sentido especial compreende o pai, a mãe e os filhos e, em sentido geral compreende todos os parentes. Por outras vezes exprimia a reunião de pessoas submissas ao poder pátrio de um chefe único, compreendendo, assim, o *pater familias*, que era o chefe, os descendentes ou não a ele submetidos, e a mulher que era colocada em condição análoga à de uma filha. Na família romana o filho era estranho à família de origem da mãe e o era da própria mãe porque ela se achava sob o poder do pai.

O Código Civil brasileiro não emprega a palavra "família" para caracterizar um círculo social, mas para qualificar um ramo do Direito Civil: o direito de família no qual está inserido o instituto do casamento. E a finalidade de se legislar sobre o direito de família é regular e amparar a vida do casal, assegurar a procriação dentro da legalidade, distinguir o que é parentesco jurídico do biológico e proteger os menores e incapazes.

O que é o casamento? Pontes de Miranda foi objetivo em sua definição (*Tratado de Direito Privado*, tomo VII, p. 199):

> O casamento, regulamentação social do instinto de reprodução, varia, como todas as instituições sociais, com os povos e com os tempos. Mas é preciso distinguirem-se a *união legal* (casamento, no sentido jurídico) e a *forma atual*, sociológica, da regulamentação do instinto de perpetuação da espécie, da *ferrea necessitas*. Socialmente, a união *tolerada* não é apenas a união *legalizada*. (...) O casamento não partiu de forma única. A família pode originar-se de quaisquer uniões sexuais, mas nem sempre as pessoas oriundas de relações não-legais constituirão *família*, na acepção jurídica, isto é, grupo de parentes entre os quais existam relações de direito.

Pontes de Miranda vai além, e de forma atualíssima define as competências dos juristas e sociólogos:

> Juridicamente, isto é, sob o ponto de vista legal, técnico, o casamento é a proteção, pelo direito, das uniões efetuadas conforme certas normas e formalidades fixadas nos Códigos Civis.

Nesse sentido – como a fonte mais importante da família *legal* é que o matrimônio deve ser tratado pelos juristas técnicos; e cabe aos sociólogos o estudo das uniões atuais e suas várias formas, como ao jurista-filósofo a comparação do fato *natural* ou *social* com o fato *jurídico* do casamento. Dizer quais as formalidades necessárias, o que se exige aos nubentes, os efeitos civis do matrimônio quanto aos filhos, aos cônjuges e a terceiros, – eis a missão do jurista. Mostrar que os regimes de comunhão e de separação são sobrevivências e provas da existência em todos os tempos de várias formas de matrimônio, eis o que compete aos sociólogos e, particularmente, aos estudiosos da Filosofia do Direito e da Técnica legislativa.

O Código Civil, em seu Livro IV – Do Direito de Família –, Subtítulo I – Do Casamento – regula o instituto nos arts. 1.511 a 1.570.

O art. 1.511 é claro ao determinar que o casamento estabelece comunhão plena de vida, com base na igualdade de direitos e deveres dos cônjuges. Evolução social que atualmente garante a igualdade de direitos e deveres dos cônjuges, porém, não muito longe de um passado no qual ainda vemos refletido em algumas famílias a lembrança de que as mulheres trabalhavam em casa e seus maridos eram os responsáveis pelo sustento da família.

A partir do art. 1.571, no capítulo X do livro de Direito de Família, o Código Civil se atém à dissolução da sociedade e do vínculo conjugal.

Até o advento da EC nº 66/2010, na legislação brasileira, a sociedade conjugal podia terminar de quatro formas distintas:

I – pela morte de um dos cônjuges;

II – pela nulidade ou anulação do casamento;

III – pela separação judicial;

● *Excluído pela Emenda Constitucional nº 66, de 13.7.2010.*

IV – pelo divórcio.

Mas, qual a diferença jurídica entre a separação judicial e o divórcio?

6. DESQUITE, SEPARAÇÃO JUDICIAL E DIVÓRCIO

No início do século passado, quando do advento do Código Civil de 1916 (anterior ao atual), época em que a legislação brasileira não aceitava o divórcio, a lei empregou o vocábulo "desquite" para designar a dissolução da sociedade conjugal, se válido o casamento.

Essa expressão, peculiar ao direito brasileiro, nada mais era do que a separação sem quebra do vínculo, apenas com outro nome, o qual foi suprimido pela Lei n° 6.515, de 26 de dezembro de 1977.

Caio Mário nos aclara com precisão (*Instituições de Direito Civil*, vol. V, p. 249) o conceito jurídico da separação judicial:

> Tratando-se de separação judicial, a extinção da sociedade conjugal não pressupõe o desfecho do vínculo matrimonial: ela põe termo às relações do casamento, mas mantém intacto o vínculo, o que impede os cônjuges de contrair novas núpcias. Somente a morte, a anulação e o divórcio rompem o vínculo, autorizando os ex-cônjuges a contrair novas núpcias.

Já a expressão "divórcio" possui dois sentidos, um do direito romano e outro do direito canônico. No sentido romano, divórcio é a dissolução do vínculo matrimonial, com a consequente liberação do divorciado para contrair novo matrimônio. No sentido canônico, o divórcio é a simples separação de corpos, subsistindo o vínculo matrimonial.

6.1. Um pouco de história

Primitivamente, nas uniões monogâmicas, o fato do divórcio era vulgar. Todavia, uma coisa é o fato do divórcio e outra é o ato jurídico, disciplinado pelo direito, com exigência de certas formalidades e comparecimento perante autoridade judicial.

Os estudiosos acreditam que eram poucos os pressupostos para o divórcio. Pontes de Miranda (*op. cit.*, tomo VIII, p. 37) entendia que

a ligação entre a coabitação e a concepção sugeria aos homens que tinham relações sexuais com uma mulher esperarem, como inevitável e necessária consequência, o nascimento de um filho. Se isso não acontecia, por vezes se chegava ao sacrifício da mulher. Nas Leis de Manu, era repudiável a mulher estéril durante oito anos de casada. Também o eram aquelas cujos filhos morriam, de ordinário, ao nascer, e as que durante onze anos só geravam filhas. Na Grécia, praticava-se o repúdio da mulher estéril. O repúdio aparecia sempre que havia casamento. Assim entre os judeus, os romanos e os povos germânicos. Em Roma, desde a fundação, existiu o divórcio, com o repúdio da mulher por certas razões graves. A esterilidade era uma delas. Com o desaparecimento crescente da *manus* e a transformação dos costumes, tornaram-se frequentes os divórcios, surgindo o divórcio *bona gratia*, ou pela vontade dos cônjuges. A mulher passou a poder requerê-lo, excetuada a liberta que fosse casada com o patrão. (...) O direito romano do Alto-Império conhecia três causas de dissolução do casamento: a morte, o divórcio e a escravidão.

Importante lembrarmos, também, da influência da Igreja Católica neste tema. Por séculos teve de transigir com o divórcio e, na prática, por longo tempo permaneceu o repúdio à separação e ao divórcio pelos cristãos.

Ao que tudo indica, o aparecimento das expressões "desquite" e "separação judicial" e até mesmo a inexistência de permissão para o divórcio nas legislações mais antigas, se deu por intervenção (direta ou indiretamente) da igreja católica, com seu veemente repúdio ao divórcio como ato jurídico que põe termo ao casamento permitindo que se contraia novas núpcias.

Na evolução histórica da legislação brasileira está clara essa influência: até a Constituição de 1934 não se mencionou a instituição do casamento como dissolúvel ou não. Essa Carta, em seu art. 144, foi taxativa quanto à indissolubilidade do casamento:

Art 144. A família, constituída pelo casamento indissolúvel, está sob a proteção especial do Estado.

Parágrafo único. A lei civil determinará os casos de desquite e de anulação de casamento, havendo sempre recurso *ex officio*, com efeito suspensivo.

O mesmo se diga da Constituição de 1937:

Art. 124. A família, constituída pelo casamento indissolúvel, está sob a proteção especial do Estado. Às famílias numerosas serão atribuídas compensações na proporção dos seus encargos.

Idem para a Constituição de 1946:

Art. 163. A família é constituída pelo casamento de vínculo indissolúvel e terá direito à proteção especial do Estado.

§ 1º. O casamento será civil, e gratuita a sua celebração. O casamento religioso equivalerá ao civil se, observados os impedimentos e as prescrições da lei, assim o requerer o celebrante ou qualquer interessado, contanto que seja o ato inscrito no Registro Público.

§ 2º. O casamento religioso, celebrado sem as formalidades deste artigo, terá efeitos civis, se, a requerimento do casal, for inscrito no Registro Público, mediante prévia habilitação perante a autoridade competente.

A Constituição de 1967 também permaneceu com a indissolubilidade do casamento:

Art. 167. A família é constituída pelo casamento e terá direito à proteção dos Poderes Públicos.

§ 1º. O casamento é indissolúvel.

§ 2º. O casamento será civil e gratuita a sua celebração. O casamento religioso equivalerá ao civil se, observados os impe-

DIVÓRCIO APÓS A EC Nº 66/2010   41

dimentos e as prescrições da lei, assim o requerer o celebrante ou qualquer interessado, contanto que seja o ato inscrito no Registro Público.

§ 3º. O casamento religioso celebrado sem as formalidades deste artigo terá efeitos civis se, a requerimento do casal, for inscrito no Registro Público mediante prévia habilitação perante, a autoridade competente.

§ 4º. A lei instituirá a assistência à maternidade, à infância e à adolescência.

Também a Emenda de 1969:

Art. 175. A família é constituída pelo casamento e terá direito à proteção dos Poderes Públicos.

§ 1º. O casamento é indissolúvel.

§ 2º. O casamento será civil e gratuita a sua celebração. O casamento religioso equivalerá ao civil se, observados os impedimentos e prescrições da lei, o ato for inscrito no registro público, a requerimento do celebrante ou de qualquer interessado.

§ 3º. O casamento religioso celebrado sem as formalidades do parágrafo anterior terá efeitos civis, se, a requerimento do casal, for inscrito no registro público, mediante prévia habilitação perante a autoridade competente.

§ 4º. Lei especial disporá sobre a assistência à maternidade, à infância e à adolescência e sobre a educação de excepcionais.

Somente em 1977, há trinta e três anos, fato lembrado pela maioria dos brasileiros que tem mais de 40 anos de idade, ou seja, muito recente, surgiu a legalização do inevitável diante dos usos e costumes existentes. O § 1º do art. 175 passou a ter a seguinte redação:

§ 1º. O casamento somente poderá ser dissolvido, nos casos expressos em lei, desde que haja prévia separação judicial por mais de três anos;

- *§ 1º com redação dada pela Emenda Constitucional nº 9, de 1977.*

7. A EVOLUÇÃO PARA O DESAPARECIMENTO DA SEPARAÇÃO JUDICIAL DO ORDENAMENTO JURÍDICO BRASILEIRO

Observe-se que a EC nº 9, de 1977, retro transcrita, utilizou a expressão "poderá ser dissolvido, nos casos expressos em lei", condicionando o divórcio à prévia separação judicial por mais de três anos.

Ou seja, autorizou a dissolução (divórcio) mediante atendimento a requisitos prescritos em lei ordinária (no caso a Lei nº 6.515/1977).

A Constituição de 1988 manteve o mesmo entendimento no § 6º do seu art. 226, alterando apenas o tempo de separação, como pressuposto para se alcançar o divórcio:

> § 6º. O casamento civil pode ser dissolvido pelo divórcio, após prévia separação judicial por mais de um ano nos casos expressos em lei, ou comprovada separação de fato por mais de dois anos.

A Constituição condicionava o divórcio à separação (judicial ou de fato) – este o seu pressuposto e, por sua vez, a Lei nº 6.515/1977 elencou os requisitos para a separação judicial:

> **Art. 4º.** Dar-se-á a separação judicial por mútuo consentimento dos cônjuges, se forem casados há mais de 2 (dois) anos, manifestado perante o juiz e devidamente homologado.

> **Art. 5º.** A separação judicial pode ser pedida por um só dos cônjuges quando imputar ao outro conduta desonrosa ou qualquer ato que importe em grave violação dos deveres do casamento e tornem insuportável a vida em comum.

> § 1º. A separação judicial pode, também, ser pedida se um dos cônjuges provar a ruptura da vida em comum há mais de um ano consecutivo, e a impossibilidade de sua reconstituição.

> • *§ 1º com redação dada pela Lei nº 8.408, de 13.2.1992.*

§ 2º. O cônjuge pode ainda pedir a separação judicial quando o outro estiver acometido de grave doença mental, manifestada após o casamento, que torne impossível a continuação da vida em comum, desde que, após uma duração de 5 (cinco) anos, a enfermidade tenha sido reconhecida de cura improvável.

§ 3º. Nos casos dos parágrafos anteriores, reverterão, ao cônjuge que não houver pedido a separação judicial, os remanescentes dos bens que levou para o casamento, e, se o regime de bens adotado o permitir, também a meação nos adquiridos na constância da sociedade conjugal.

Art. 6º. Nos casos dos §§ 1º e 2º do artigo anterior, a separação judicial poderá ser negada, se constituir respectivamente, causa de agravamento das condições pessoais ou da doença do outro cônjuge, ou determinar, em qualquer caso, consequências morais de excepcional gravidade para os filhos menores.

Vale lembrar que, entre 1977 e 2010, em 1992, a Lei nº 8.406 fez duas alterações na Lei nº 6.515/1977, no sentido de ainda diminuir as condicionantes e consequências, certamente para adequar a lei ordinária à Constituição de 1988, bem como o encaminhamento social do instituto.

No art. 5º, retro descrito, o § 1º originariamente determinava que para pedir a separação judicial o cônjuge deveria provar a ruptura da vida em comum há mais de **cinco** anos. E, no art. 25, alterou para 1 ano o tempo entre a separação e a decretação do divórcio (originariamente de 3 anos).

Em 2002 o CC, além da temporalidade, também apontou requisitos subjetivos para o requerimento da separação judicial:

Art. 1.572. Qualquer dos cônjuges poderá propor a ação de separação judicial, imputando ao outro qualquer ato que importe grave violação dos deveres do casamento e torne insuportável a vida em comum.

§ 1º. A separação judicial pode também ser pedida se um dos cônjuges provar ruptura da vida em comum há mais de um ano e a impossibilidade de sua reconstituição.

§ 2º. O cônjuge pode ainda pedir a separação judicial quando o outro estiver acometido de doença mental grave, manifestada após o casamento, que torne impossível a continuação da vida em comum, desde que, após uma duração de dois anos, a enfermidade tenha sido reconhecida de cura improvável.

§ 3º. No caso do parágrafo 2º, reverterão ao cônjuge enfermo, que não houver pedido a separação judicial, os remanescentes dos bens que levou para o casamento, e se o regime dos bens adotado o permitir, a meação dos adquiridos na constância da sociedade conjugal.

Art. 1.573. Podem caracterizar a impossibilidade da comunhão de vida a ocorrência de algum dos seguintes motivos:

I – adultério;

II – tentativa de morte;

III – sevícia ou injúria grave;

IV – abandono voluntário do lar conjugal, durante um ano contínuo;

V – condenação por crime infamante;

VI – conduta desonrosa.

Parágrafo único. O juiz poderá considerar outros fatos que tornem evidente a impossibilidade da vida em comum.

A legislação processual civil, por sua vez, também foi alterada para atender as separações, lembrando, ainda, que em 2007, com o advento da Lei nº 11.441, e a inclusão do art. 1.124-A à Lei nº 5.869/1973 (Código de Processo Civil), permitiu-se que tanto a separação quanto o divórcio consensuais, desde que respeitados alguns requisitos, pudessem ser realizados por meio de escritura pública:

Art. 1.124-A. A separação consensual e o divórcio consensual, não havendo filhos menores ou incapazes do casal e observados os requisitos legais quanto aos prazos, poderão

DIVÓRCIO APÓS A EC Nº 66/2010   45

ser realizados por escritura pública, da qual constarão as disposições relativas à descrição e à partilha dos bens comuns e à pensão alimentícia e, ainda, ao acordo quanto à retomada pelo cônjuge de seu nome de solteiro ou à manutenção do nome adotado quando se deu o casamento.

- *Art. 1.124-A acrescido pela Lei nº 11.441, de 2007.*

§ 1º. A escritura não depende de homologação judicial e constitui título hábil para o registro civil e o registro de imóveis.

- *§ 1º acrescido pela Lei nº 11.441, de 2007.*

§ 2º. O tabelião somente lavrará a escritura se os contratantes estiverem assistidos por advogado comum ou advogados de cada um deles ou por defensor público, cuja qualificação e assinatura constarão do ato notarial.

- *§ 2º acrescido pela Lei nº 11.441, de 2007 e com redação dada pela Lei nº 11.965, de 2009.*

§ 3º. A escritura e demais atos notariais serão gratuitos àqueles que se declararem pobres sob as penas da lei.

- *§ 3º acrescido pela Lei nº 11.441, de 2007.*

A Emenda Constitucional nº 66, publicada aos 14.7.2010, retirou o pressuposto da separação para a realização do divórcio cessando, assim, a dissolução da sociedade conjugal no ordenamento brasileiro e, em consequência, toda a sua regulamentação.

8. AS CONSEQUÊNCIAS LEGISLATIVAS E PRÁTICAS

8.1. Revogação das leis infraconstitucionais?

A primeira questão que vem à mente é: diante da redação do § 6º do art. 226 da Constituição Federal, os artigos que tratam da separação judicial no Código Civil, na Lei nº 6.515/1977 e no Código de Processo Civil foram revogados?

Sendo a Constituição Federal a Lei Maior, aquela que contém os elementos estruturais da Nação e a definição fundamental dos direitos do homem como indivíduo e cidadão, sua alteração se deu em decorrência de manifestação da vontade nacional, tem sua vigência imediata, e como lei imperativa que é, impõe-se, obrigatoriamente, a todos os brasileiros.

Pode-se tentar argumentar que a lei infraconstitucional não tenha sido revogada e a separação judicial permaneça já que o texto constitucional não a excluiu expressamente.

Todavia esse pensamento não subsistirá: uma vez que a Constituição Federal suprimiu a terminologia "separação judicial" quando reconhece que o casamento civil pode ser dissolvido pelo divórcio, significa que ela não prevê mais esse requisito (a separação judicial) intermediando o casamento e o divórcio. Ou seja, qualquer norma que trate da separação judicial está revogada por absoluta incompatibilidade com a Constituição Federal.

O fato prático existente no momento, no entanto, é que toda a legislação comum está voltada para a separação judicial. Uma vez que o instituto do divórcio só ocorria depois de sanados todos os problemas de pensão, guarda de filhos e partilha dos bens, no caso de conversão da separação em divórcio, e de formalização de acordo de fato quando do divórcio direto.

Tem-se, portanto, um dilema: se formos interpretar a lei nua e cruamente, toda a legislação existente relativa à separação judicial está revogada, devendo apenas permanecer o regramento para os casos de separações judiciais já sentenciadas.

Por outro lado, como atuar diante dos processos em andamento e dos pedidos de divórcio que se seguirão?

Enquanto não houver normatização específica, sempre pensando na intenção do legislador, com equidade e bom senso, dever-se-á utilizar a legislação existente, interpretando a expressão "separação judicial" como "divórcio".

8.2. Como ficam os casos de separação, consensual e litigiosa, que ainda não tiveram a sentença final?

Com todo respeito à divergência doutrinária, entendemos que, com a supressão do instituto da separação judicial, atentando-se para a intenção do legislador em unificar no divórcio todas as hipóteses de separação dos cônjuges, sejam litigiosas ou consensuais, bem como a dos interessados, (entendendo-se aqui os filhos e todos e tudo o mais envolvidos e atingidos em uma separação) estando claro e notório que o que se almejava quando da separação era atingir o divórcio (só que a legislação anterior não o permitia diretamente), os artigos regulamentadores da separação consensual devem ser considerados para o divórcio; ou seja, os feitos em andamento devem ser automaticamente convertidos em divórcio.

Se a intenção do legislador é SIMPLIFICAR, concedendo diretamente e sem prazo algo que para ser atingido era necessário ultrapassar obstáculo, se essa "pedra" foi retirada, e estamos pensando em economia processual; o bom senso deve prevalecer: o juiz deve determinar a conversão da ação de separação em ação de divórcio. Caso as partes interessadas não aceitem, aí sim o feito deverá ser extinto sem julgamento de mérito.

Enquanto legislação nova não acontecer, poder-se-á, por equidade, utilizar o disposto no art. 41 da Lei n° 6.515/1977:

> **Art. 41.** As causas de desquite em curso na data da vigência desta Lei, tanto as que se processam pelo procedimento especial quanto as de procedimento ordinário, passam automaticamente a visar à separação judicial.

8.3. E os separados judicialmente e ainda não divorciados?

As normas existentes relativas à separação judicial não podem mais ser utilizadas para as situações posteriores à EC n° 66/2010.

Todavia, temos de observar o que prescreve o inciso XXXVI do art. 5º da Constituição Federal:

"A lei não prejudicará o direito adquirido, o ato jurídico perfeito e a coisa julgada."

Assim, os separados (judicial ou extrajudicialmente) continuam nessa condição até que promovam o divórcio, ficando mantidas as condições acordadas ou decididas.

Somente para esses casos transitórios é que permanecerá vigente a lei, como, por exemplo, o art. 1.577 do Código Civil que prevê a possibilidade do restabelecimento da sociedade conjugal.

Por outro lado, poderia o legislador, como fez quando do advento da Lei nº 6.515/1977, equiparar as sentenças já proferidas ao divórcio, conforme seu art. 42.

> **Art. 42.** As sentenças já proferidas em causas de desquite são equiparadas, para os efeitos desta Lei, às de separação judicial.

Acreditamos, no entanto, que não seja o caso, pois desta vez existe diferença entre os institutos, o que não ocorria entre o desquite e a separação judicial; devendo o legislador deixar que os separados judicialmente expressem formalmente o desejo da dissolução do vínculo matrimonial.

8.4. Para esses separados far-se-á o pedido de conversão em divórcio?

O pedido de divórcio por conversão deixou de existir. Dessa forma, dever-se-á apenas requerer o divórcio (judicial ou extrajudicialmente), fazendo reproduzir, se assim o desejarem, todas as condições estipuladas ou decididas na separação judicial.

Esclarece-se a expressão "se assim o desejarem" diante do entendimento do Supremo Tribunal Federal de que não existe direito adquirido a instituto jurídico (como o caso da separação judicial). Assim, as condições ajustadas ou decididas não são imutáveis, podendo os cônjuges colocar em discussão os pontos anteriormente acordados ou decididos, quando do divórcio, para decisão judicial, que pode ser diferente da que vinham adotando.

9. A EXTINÇÃO DO REQUISITO TEMPORAL

Até o advento da EC nº 66/2010 exigia-se, para a realização do divórcio, ou a existência da separação (judicial ou extrajudicial) há mais de um ano ou a separação de fato comprovada por mais de dois anos.

Esses requisitos não existem mais: os cônjuges podem requerer o divórcio, a qualquer tempo, até mesmo um dia após o casamento, basta que expressem esse ato de vontade.

10. O DIVÓRCIO SEM CULPA – EXTINÇÃO DOS REQUISITOS OBJETIVOS E SUBJETIVOS?

Sob a alegação de que nova redação do § 6º do art. 226 da Constituição Federal, ao excluir o termo "separação judicial" e simplesmente normatizar que o casamento civil pode ser dissolvido pelo divórcio, como visto no início deste trabalho, há entendimento de que não mais se faz necessária a comprovação de culpa do outro cônjuge para se efetivar o requerimento unilateral do divórcio, mesmo porque os artigos que normatizavam os requisitos subjetivos (arts. 1.572 e 1.573 do Código Civil e 5º da Lei nº 6.515/1977 já transcritos retro) foram revogados. Dessa forma, acabam os transtornos de se levar a juízo os ataques com histórias íntimas e pungentes. Instituiu-se o "divórcio sem culpa". Alguns entendem, inclusive, que qualquer dúvida deve ser sanada utilizando-se dos dispositivos de nulidade e anulabilidade do casamento.

Relativamente às hipóteses de nulidade e anulabilidade do casamento, previstas nos arts. 1.548 a 1.564 do Código Civil, elas são limitadas a fatos e circunstâncias que podem levar a termo o casamento, invalidando-o, diferentemente do divórcio, o qual, para ser decretado, se pressupõe a existência do casamento válido. Veja-se inclusive, que estão regulados em capítulos diferentes (Da invalidade do casamento – para nulidade e anulabilidade e, depois do capítulo da eficácia do casamento, o da dissolução da sociedade e do vínculo conjugal).

Há que se lembrar, ainda, do art. 1.566 do mesmo Código: os deveres dos cônjuges (fidelidade recíproca, vida em comum, no domicílio conjugal, mútua assistência, sustento, guarda e educação dos filhos, respeito e consideração mútuos).

A lei civil regeu-se pela intenção do legislador que, muito embora admitisse o divórcio, impunha o requisito da separação e, dessa forma, regulou a separação, regrando o divórcio como consequência de atos anteriores.

Não se pode, simplesmente porque a Constituição suprimiu o instituto da separação, eliminar a culpabilidade no divórcio! Muito simplista e conveniente essa posição. Se assim for, desnecessário o instituto do casamento!

O melhor entendimento é considerar a adequação, por equidade, em alguns artigos, entendendo-se como "divórcio" a expressão "separação judicial", até que haja nova regulamentação.

Mesmo porque essa foi a justificativa para a proposta da Emenda Constitucional (descrita no capítulo 3): "Impõe-se a unificação no divórcio de todas as hipóteses de separação dos cônjuges, sejam litigiosas ou consensuais". Ou seja, a intenção do legislador é a unificação, NO DIVÓRCIO, **de todas as hipóteses de separação dos cônjuges**.

Está claro que o legislador não desejou extirpar a normatização objetiva e processual existente em relação ao que se aplicava à separação consensual.

11. O CASAMENTO EFICAZ COMO PRESSUPOSTO BÁSICO PARA O DIVÓRCIO

Para que ocorra a possibilidade do divórcio há o pressuposto básico: um casamento eficaz.

Assim, o Código impõe normas para sua existência nos arts. 1.565 a 1.570:

Capítulo IX – Da Eficácia do Casamento

Art. 1.565. Pelo casamento, homem e mulher assumem mutuamente a condição de consortes, companheiros e responsáveis pelos encargos da família.

§ 1º. Qualquer dos nubentes, querendo, poderá acrescer ao seu o sobrenome do outro.

§ 2º. O planejamento familiar é de livre decisão do casal, competindo ao Estado propiciar recursos educacionais e financeiros para o exercício desse direito, vedado qualquer tipo de coerção por parte de instituições privadas ou públicas.

Art. 1.566. São deveres de ambos os cônjuges:

I – fidelidade recíproca;

II – vida em comum, no domicílio conjugal;

III – mútua assistência;

IV – sustento, guarda e educação dos filhos;

V – respeito e consideração mútuos.

Art. 1.567. A direção da sociedade conjugal será exercida, em colaboração, pelo marido e pela mulher, sempre no interesse do casal e dos filhos.

Parágrafo único. Havendo divergência, qualquer dos cônjuges poderá recorrer ao juiz, que decidirá tendo em consideração aqueles interesses.

Art. 1.568. Os cônjuges são obrigados a concorrer, na proporção de seus bens e dos rendimentos do trabalho, para o sustento da família e a educação dos filhos, qualquer que seja o regime patrimonial.

Art. 1.569. O domicílio do casal será escolhido por ambos os cônjuges, mas um e outro podem ausentar-se do domicílio conjugal para atender a encargos públicos, ao exercício de sua profissão, ou a interesses particulares relevantes.

Art. 1.570. Se qualquer dos cônjuges estiver em lugar remoto ou não sabido, encarcerado por mais de cento e oitenta dias, interditado judicialmente ou privado, episodicamente, de consciência, em virtude de enfermidade ou de acidente, o outro exercerá com exclusividade a direção da família, cabendo-lhe a administração dos bens.

O que leva um casal a se separar? Com certeza o quinto dos deveres apontados pelo art. 1.566: a falta de respeito e consideração mútuos. A isso se dá vários nomes como "o amor acabou", "não há mais compatibilidade emocional ou vivencial", e por aí afora.

Então nesse ponto, quando se tem a certeza de que não há o desejo da continuidade do casamento, há dois caminhos a serem tomados: por mútuo consentimento, procuram um advogado para requerer o divórcio extra ou judicialmente ou, no caso de o desejo partir somente de um dos cônjuges, o requerimento é por este feito perante o juiz que intimará o outro cônjuge.

Mas, e se ocorrem problemas mais graves como tentativa de morte? Ou simplesmente se o respeito e a consideração mútuos estiverem tão degradados a ponto de causar problemas quanto a guarda dos filhos, valor de pensão e partilha dos bens?

Com certeza nova normatização deverá ocorrer para sanar quaisquer dúvidas. Todavia, enquanto isso não ocorrer, para os casos concretos deverão os juízes utilizar-se da equidade e da hermenêutica quanto a intenção da lei antes da Emenda n° 66/2010, adaptando-a para bem aplicá-la ao caso concreto.

DIVÓRCIO APÓS A EC Nº 66/2010　　　　53

12. COMO FICA A LEGISLAÇÃO?

12.1. A normatização processual

Lembrando que as normas processuais preveem o procedimento para a separação judicial consensual, com a exclusão desse instituto e a intenção do legislador em trazer para o divórcio as normas da separação judicial, devemos entender que não houve revogação dos artigos em questão, mas, sim, no lugar da expressão "separação consensual" ler "divórcio consensual".

No Código de Processo Civil temos os arts. 1.120 a 1.124-A que regulam os procedimentos da separação consensual (no título dos procedimentos especiais de jurisdição voluntária do livro dos procedimentos especiais) e que permanecem vigentes:

Capítulo III – Da Separação Consensual

Art. 1.120. A separação consensual será requerida em petição assinada por ambos os cônjuges.

§ 1º. Se os cônjuges não puderem ou não souberem escrever, é lícito que outrem assine a petição a rogo deles.

§ 2º. As assinaturas, quando não lançadas na presença do juiz, serão reconhecidas por tabelião.

Art. 1.121. A petição, instruída com a certidão de casamento e o contrato antenupcial se houver, conterá:

I – a descrição dos bens do casal e a respectiva partilha;

II – o acordo relativo à guarda dos filhos menores e ao regime de visitas;

● *Inciso II com redação dada pela Lei nº 11.112, de 2005.*

III – o valor da contribuição para criar e educar os filhos;

IV – a pensão alimentícia do marido à mulher, se esta não possuir bens suficientes para se manter.

§ 1º. Se os cônjuges não acordarem sobre a partilha dos bens, far-se-á esta, depois de homologada a separação consensual, na forma estabelecida neste Livro, Título I, Capítulo IX.

- *§ 1º renumerado pela Lei nº 11.112, de 2005.*

§ 2º. Entende-se por regime de visitas a forma pela qual os cônjuges ajustarão a permanência dos filhos em companhia daquele que não ficar com sua guarda, compreendendo encontros periódicos regularmente estabelecidos, repartição das férias escolares e dias festivos.

- *§ 2º acrescido pela Lei nº 11.112, de 2005.*

Art. 1.122. Apresentada a petição ao juiz, este verificará se ela preenche os requisitos exigidos nos dois artigos antecedentes; em seguida, ouvirá os cônjuges sobre os motivos da separação consensual, esclarecendo-lhes as consequências da manifestação de vontade.

§ 1º. Convencendo-se o juiz de que ambos, livremente e sem hesitações, desejam a separação consensual, mandará reduzir a termo as declarações e, depois de ouvir o Ministério Público no prazo de 5 (cinco) dias, o homologará; em caso contrário, marcar-lhes-á dia e hora, com 15 (quinze) a 30 (trinta) dias de intervalo, para que voltem a fim de ratificar o pedido de separação consensual.

§ 2º. Se qualquer dos cônjuges não comparecer à audiência designada ou não ratificar o pedido, o juiz mandará autuar a petição e documentos e arquivar o processo.

Art. 1.123. É lícito às partes, a qualquer tempo, no curso da separação judicial, lhe requererem a conversão em separação consensual; caso em que será observado o disposto no art. 1.121 e primeira parte do § 1º do artigo antecedente.

Art. 1.124. Homologada a separação consensual, averbar-se-á a sentença no registro civil e, havendo bens imóveis, na circunscrição onde se acham registrados.

DIVÓRCIO APÓS A EC Nº 66/2010

Art. 1.124-A. A separação consensual e o divórcio consensual, não havendo filhos menores ou incapazes do casal e observados os requisitos legais quanto aos prazos, poderão ser realizados por escritura pública, da qual constarão as disposições relativas à descrição e à partilha dos bens comuns e à pensão alimentícia e, ainda, ao acordo quanto à retomada pelo cônjuge de seu nome de solteiro ou à manutenção do nome adotado quando se deu o casamento.

- *Art. 1.124-A acrescido pela Lei nº 11.441, de 2007.*

§ 1º. A escritura não depende de homologação judicial e constitui título hábil para o registro civil e o registro de imóveis.

- *§ 1º acrescido pela Lei nº 11.441, de 2007.*

§ 2º. O tabelião somente lavrará a escritura se os contratantes estiverem assistidos por advogado comum ou advogados de cada um deles ou por defensor público, cuja qualificação e assinatura constarão do ato notarial.

- *§ 1º acrescido pela Lei nº 11.441, de 2007 e com redação dada pela Lei nº 11.965, de 2009..*

§ 3º. A escritura e demais atos notariais serão gratuitos àqueles que se declararem pobres sob as penas da lei.

- *§ 3º acrescido pela Lei nº 11.441, de 2007.*

A Lei nº 6.515/1977 por sua vez, no *caput* do art. 34, aclara que os demais feitos não atinentes à separação judicial consensual terão o procedimento ordinário, remetendo ao Código de Processo Civil os casos de separação consensual:

Art. 34. A separação judicial consensual se fará pelo procedimento previsto nos arts. 1.120 e 1.124 do Código de Processo Civil, e as demais pelo procedimento ordinário.

§ 1º. A petição será também assinada pelos advogados das partes ou pelo advogado escolhido de comum acordo.

§ 2º. O juiz pode recusar a homologação e não decretar a separação judicial, se comprovar que a convenção não preserva suficientemente os interesses dos filhos ou de um dos cônjuges.

§ 3º. Se os cônjuges não puderem ou não souberem assinar, é lícito que outrem o faça a rogo deles.

§ 4º. As assinaturas, quando não lançadas na presença do juiz, serão, obrigatoriamente, reconhecidas por tabelião.

E, nas disposições finais e transitórias regulou o processo do "divórcio direto" – art. 40, também remetendo ao procedimento dos arts. 1.120 a 1.124 do CPC:

Art. 40. No caso de separação de fato, e desde que completados 2 (dois) anos consecutivos, poderá ser promovida ação de divórcio, na qual deverá ser comprovado decurso do tempo da separação.

- *Art. 40, caput, com redação dada pela Lei nº 7.841, de 17.10.1989.*

§ 1º. (Revogado)

- *§ 1º revogado pela Lei nº 7.841, de 17.10.1989.*

§ 2º. No divórcio consensual, o procedimento adotado será o previsto nos arts. 1.120 a 1.124 do Código de Processo Civil, observadas, ainda, as seguintes normas:

I – a petição conterá a indicação dos meios probatórios da separação de fato, e será instruída com a prova documental já existente;

II – a petição fixará o valor da pensão do cônjuge que dela necessitar para sua manutenção, e indicará as garantias para o cumprimento da obrigação assumida;

III – se houver prova testemunhal, ela será produzida na audiência de ratificação do pedido de divórcio a qual será obrigatoriamente realizada.

IV – a partilha dos bens deverá ser homologada pela sentença do divórcio.

§ 3º. Nos demais casos, adotar-se-á o procedimento ordinário.

Tracemos algumas considerações:

Primeiramente observe-se que o art. 40, ao mencionar a separação de fato, está regulamentando os procedimentos processuais para o então "divórcio direto", qual seja, o casal já não mais coabitava há mais de dois anos; já não tinha pendências quanto aos bens, filhos e pensão. O que se efetivamente pleiteava junto ao Poder Judiciário era simplesmente a legalização do fato de o casamento não mais existir.

Ora, basta entendermos que o legislador impunha um pressuposto temporal (*caput* do art. 40) que agora não mais exige para compreender que essa normatização (§ 2º do art. 40) ainda vige enquanto outra melhor adaptada às condições atuais não vier, observando-se que não é mais necessário prova ou testemunha da separação de fato (incisos I e III).

Em verdade, temos os arts. 34 e 40 se complementando aos do Código de Processo Civil.

Os arts. 35 e 36 estão revogados; todavia, pela equidade, o art. 37 poderá ser evocado para o caso de pedido unilateral de divórcio, observando-se em caso semelhante ao consensual retro mencionado, com a diferença que apenas um dos cônjuges tomou a iniciativa. Poderá o juiz prolatar a sentença após intimar o outro cônjuge que, claro, não poderá mais, em contestação, alegar falta de decurso de tempo ou de descumprimento de acordo ou determinação em separação judicial.

Neste caso paira a dúvida: se o motivo de não desejar o divórcio é apenas íntimo, não terá como contestar o pedido do exparceiro; todavia, se há alguma outra pendência, diante da lacuna da lei, deverá o juiz atentar-se para as argumentações trazidas aos autos e, sempre se pautando na proteção da pessoa dos filhos e dos alimentos, bem como da partilha dos bens, converter o pedido para o procedimento ordinário ou sentenciá-lo.

Art. 37. O juiz conhecerá diretamente do pedido, quando não houver contestação ou necessidade de produzir prova em audiência, e proferirá sentença dentro em 10 (dez) dias.

§ 1º. A sentença limitar-se-á à conversão da separação em divórcio, que não poderá ser negada, salvo se provada qualquer das hipóteses previstas no parágrafo único do artigo anterior.

§ 2º. A improcedência do pedido de conversão não impede que o mesmo cônjuge o renove, desde que satisfeita a condição anteriormente descumprida.

12.2. A Lei nº 11.441, de 4.1.2007

A Lei nº 11.441/2007 acrescentou o art. 1.124-A ao Código de Processo Civil, retro transcrito.

Neste caso não existe qualquer dificuldade. Com o desaparecimento da expressão "separação consensual" e "prazos legais" do ordenamento jurídico, por equidade, basta sua exclusão nesse artigo, e o divórcio consensual, para os casos em que não há filhos menores ou incapazes, pode ser feito por escritura pública a qualquer momento, bastando comparecer em cartório, acompanhado de um advogado, documentos pessoais (CPF e RG), certidão de casamento atualizada, certidão de nascimento atualizada dos filhos (se houverem) e o acordo quanto aos bens, (se houver bens imóveis, as respectivas matrículas atualizadas), pensão alimentícia e nome.

Para que o procedimento seja simples e rápido é conveniente que tudo seja discutido e elaborado com o advogado ou defensor público que providenciará junto ao Cartório uma minuta que deverá ser lida e entendida pelo casal para depois se efetivar a escrituração, lembrando que não há mais prazo. Se o casal decidir hoje que deseja o divórcio, com tudo acordado quanto aos bens e pensão, pode fazê-lo amanhã, se tiver todos os documentos em mãos.

12.3. O Código Civil e a Lei nº 6.515/1977 – "Lei do Divórcio"

Tendo em vista que o Código Civil de 2002, em seus arts. 1.571 a 1.590, adotou grande parte da redação da Lei nº 6.515/

DIVÓRCIO APÓS A EC Nº 66/2010
59

1977, analisaremos as duas leis simultaneamente, comentando as alterações ocorridas no Código Civil e apenas mencionando os artigos não análogos da Lei nº 6.515/1977.

Lembrando que se atentarmos para a intenção do legislador quando da redação dessas leis, qual seja, a existência do requisito temporal para a efetivação do divórcio, e a sua inexistência para o ordenamento atual, verificar-se-á que, por equidade, para vários artigos que mencionam a expressão "separação judicial" essa expressão pode ser substituída pelo termo "divórcio".

Antes, porém, cabendo-nos aqui a ressalva quanto as argumentações retro expostas de discussões sobre os artigos revogados pela EC nº 66/2010 (capítulo 4) e observando divergência de quais artigos devem ser revogados e quais devem ter desconsideradas a expressão "separação judicial", vamos apontar o nosso entendimento.

Além dessas duas hipóteses, acrescentamos mais duas: aos artigos que devem ter desconsiderada a expressão "separação judicial" somente quando não mais existir esse estado civil nos casos concretos e artigos que deverão ter a expressão "separação judicial" substituída pelo termo "divórcio":

I – Artigos que devem ter desconsiderada a expressão "separação judicial" ou similares:

Art. 10. Far-se-á averbação em registro público:

I – das sentenças que decretarem a nulidade ou anulação do casamento, o divórcio, **a separação judicial** e o restabelecimento da sociedade conjugal;

Art. 1.562. Antes de mover a ação de nulidade do casamento, a de anulação, **a de separação judicial**, a de divórcio direto ou a de dissolução de união estável, poderá requerer a parte, comprovando sua necessidade, a separação de corpos, que será concedida pelo juiz com a possível brevidade

Art. 1.571. (...) § 2º. Dissolvido o casamento pelo divórcio **direto ou por conversão**, o cônjuge poderá manter o nome de casado; salvo, no segundo caso, dispondo em contrário a sentença de separação judicial.

Art. 1.683. Na dissolução do regime de bens **por separação judicial** ou por divórcio, verificar-se-á o montante dos aquestos à data em que cessou a convivência.

II – Artigos que deverão permanecer com sua redação até que não mais existam casos de pessoas separadas judicialmente ou se caduque o prazo ali estipulado:

Art. 25. O cônjuge do ausente, sempre que não esteja separado **judicialmente, ou de** fato por mais de dois anos antes da declaração da ausência, será o seu legítimo curador.

Devemos entender: "o cônjuge do ausente, desde que não esteja separado de fato por mais de dois anos antes da declaração da ausência, será o seu legítimo curador". Todavia, não podemos nos olvidar que se ocorreu a ausência anteriormente a EC nº 66/2010 ou ocorrer a ausência nos próximos 2 anos, a partir de 14 de julho de 2010, para alguém que esteja separado judicialmente, a redação existente no Código Civil é válida.

Art. 792. Na falta de indicação da pessoa ou beneficiário, ou se por qualquer motivo não prevalecer a que for feita, o capital segurado será pago por metade ao cônjuge **não separado judicialmente**, e o restante aos herdeiros do segurado, obedecida a ordem da vocação hereditária.

Se retirarmos a expressão "não separado judicialmente" agora, poderá ocorrer a tentativa de habilitação de pessoa que ainda estiver no estado civil de separado judicialmente.

Art. 793. É válida a instituição do companheiro como beneficiário, se ao tempo do contrato o segurado era **separado judicialmente**, ou já se encontrava separado de fato.

DIVÓRCIO APÓS A EC Nº 66/2010 61

Enquanto existirem contratos cujos segurados se encontravam nesse estado civil, a expressão não pode ser retirada.

Art. 980. A sentença que decretar ou homologar a **separação judicial** do empresário e o ato de reconciliação não podem ser opostos a terceiros, antes de arquivados e averbados no Registro Público de Empresas Mercantis.

É fato que, daqui para frente, não haverá mais sentença decretando ou homologando separação judicial. Todavia, as que já existirem podem vir a ser averbadas. Dessa forma, enquanto houver possibilidade de existência de pessoas no estado civil de separado judicialmente, este artigo não deverá ser revogado.

Art. 1.571. (...) § 2º. Dissolvido o casamento pelo divórcio direto ou por conversão, o cônjuge poderá manter o nome de casado; salvo, no segundo caso, **dispondo em contrário a sentença de separação judicial**.

Quanto ao § 2º, por hora ainda deve vigorar tão somente para os casais judicialmente separados, se optarem por manter os termos da separação para o divórcio.

Em relação ao uso do nome, no entanto, tanto o Código Civil, no seu art. 1.578, quanto a Lei nº 6.515/1977 nos seus arts. 17, 18 e parágrafo único do art. 25 mencionam a perda do direito de uso do nome pelo cônjuge culpado da separação (no caso da Lei nº 6.515 fala tão somente da mulher retirar o nome do marido):

Art. 1.577. Seja qual for a causa da **separação judicial** e o modo como esta se faça, é lícito aos cônjuges restabelecer, a todo tempo, a sociedade conjugal, por ato regular em juízo.

Parágrafo único. A reconciliação em nada prejudicará o direito de terceiros, adquirido antes e durante o **estado de separado**, seja qual for o regime de bens.

Diferentemente do divorciado que, se desejar retornar ao casamento, somente poderá fazê-lo por meio de novo casamento aquelas pessoas que na data de 14.7.2010 já possuíam sentença transitada em julgado com declaração da separação consensual, poderão restabelecer o casamento na forma do art. 1.577.

Art. 1.597. Presumem-se concebidos na constância do casamento os filhos: (...)

II – nascidos nos trezentos dias subsequentes à dissolução da sociedade conjugal, por morte, **separação judicial**, nulidade e anulação do casamento;

Há que se esperar, pelo menos, trezentos dias da data da publicação da EC nº 66/2010 para retirar a expressão "separação judicial" deste artigo.

Art. 1.632. A **separação judicial**, o divórcio e a dissolução da união estável não alteram as relações entre pais e filhos senão quanto ao direito, que aos primeiros cabe, de terem em sua companhia os segundos.

Enquanto houver pessoas separadas judicialmente, essa expressão deverá permanecer neste artigo.

Art. 1.775. O cônjuge ou companheiro, **não separado judicialmente ou** de fato, é, de direito, curador do outro, quando interdito.

Como no caso do art. 792, se retirarmos a expressão "não separado judicialmente" agora, poderá ocorrer a tentativa de habilitação de pessoa que ainda estiver no estado civil de separado judicialmente.

Art. 1.830. Somente é reconhecido direito sucessório ao cônjuge sobrevivente se, ao tempo da morte do outro, não estavam **separados judicialmente**, nem separados de fato há mais de dois anos, salvo prova, neste caso, de que essa convivência se tornara impossível sem culpa do sobrevivente.

Também a redação deverá permanecer até a total inexistência de pessoas no estado civil de separadas judicialmente.

DIVÓRCIO APÓS A EC Nº 66/2010   63

III – Artigos revogados ou parcialmente revogados:

Art. 27. Para o efeito previsto no artigo anterior, somente se consideram interessados:

I – o cônjuge não separado judicialmente; *(revogado)*

Art. 1.571. A sociedade conjugal termina:

I – pela morte de um dos cônjuges;

II – pela nulidade ou anulação do casamento;

III – pela separação judicial; *(revogado)*

IV – pelo divórcio.

Ou seja, temos apenas 3 casos de dissolução conjugal.

Art. 1.580. Decorrido um ano do trânsito em julgado da sentença que houver decretado a separação judicial, ou da decisão concessiva da medida cautelar de separação de corpos, qualquer das partes poderá requerer sua conversão em divórcio.

§ 1º. A conversão em divórcio da separação judicial dos cônjuges será decretada por sentença, da qual não constará referência à causa que a determinou.

- Caput e § 1º reproduziram a ideia do caput do art. 25 da Lei nº 6.515/1977.

§ 2º. O divórcio poderá ser requerido, por um ou por ambos os cônjuges, no caso de comprovada separação de fato por mais de dois anos.

- Art. 1.580, tacitamente revogado pela EC nº 66/2010.

IV – Artigos que permanecem em vigor, alterando-se a expressão "separação judicial" para "divórcio":

Não se pode, pois, apenas considerar estes artigos revogados. Há que se fazer a interpretação equitativa para os casos que surgirem enquanto não houve nova normatização!

Art. 1.578. O cônjuge declarado culpado na ação de separação judicial perde o direito de usar o sobrenome do outro, desde que expressamente requerido pelo cônjuge inocente e se a alteração não acarretar:

I – evidente prejuízo para a sua identificação;

II – manifesta distinção entre o seu nome de família e o dos filhos havidos da união dissolvida;

III – dano grave reconhecido na decisão judicial.

§ 1º. O cônjuge inocente na ação de separação judicial poderá renunciar, a qualquer momento, ao direito de usar o sobrenome do outro.

§ 2º. Nos demais casos caberá a opção pela conservação do nome de casado.

O Código Civil, nos artigos que contempla diretamente o divórcio, nada menciona sobre a utilização do nome, tendo em vista a existência do pressuposto da separação que já havia decidido sobre isso. É a Lei nº 6.515/1977, no parágrafo único do art. 25, quando dispõe sobre a conversão da separação em divórcio, que determina que a mulher voltará a usar o nome de solteira exceto nos casos elencados nos incisos I a III do art. 1.578 do Código Civil (retro).

Polêmica também se tornou a redação do art. 1.572 do Código Civil:

Art. 1.572. Qualquer dos cônjuges poderá propor a ação de separação judicial, imputando ao outro qualquer ato que importe grave violação dos deveres do casamento e torne insuportável a vida em comum.

§ 1º. A separação judicial pode também ser pedida se um dos cônjuges provar ruptura da vida em comum há mais de um ano e a impossibilidade de sua reconstituição.

§ 2º. O cônjuge pode ainda pedir a separação judicial quando o outro estiver acometido de doença mental grave, manifestada após o casamento, que torne impossível a continuação da vida em comum, desde que, após uma duração de dois anos, a enfermidade tenha sido reconhecida de cura improvável.

§ 3º. No caso do parágrafo 2º, reverterão ao cônjuge enfermo, que não houver pedido a separação judicial, os remanescentes dos bens que levou para o casamento, e se o regime dos bens adotado o permitir, a meação dos adquiridos na constância da sociedade conjugal.

- *Art. 5º da Lei nº 6.515/1977.*

E o art. 6º da Lei nº 6.515 acrescenta:

Art. 6º. Nos casos dos §§ 1º e 2º do artigo anterior, a separação judicial poderá ser negada, se constituir respectivamente, causa de agravamento das condições pessoais ou da doença do outro cônjuge, ou determinar, em qualquer caso, consequências morais de excepcional gravidade para os filhos menores.

Continua o Código Civil:

Art. 1.573. Podem caracterizar a impossibilidade da comunhão de vida a ocorrência de algum dos seguintes motivos:

I – adultério;

II – tentativa de morte;

III – sevícia ou injúria grave;

IV – abandono voluntário do lar conjugal, durante um ano contínuo;

V – condenação por crime infamante;

VI – conduta desonrosa.

Parágrafo único. O juiz poderá considerar outros fatos que tornem evidente a impossibilidade da vida em comum.

Tratam esses artigos de fatos que poderiam levar um dos cônjuges a requerer a separação judicial. Subtraído do ordenamento este instituto, não podem sumir causas que imputem responsabilidades ao causador da quebra contratual do casamento!

É certo que existem outros remédios jurídicos para problemas de partilha, alimentos, guarda dos filhos, separação de corpos; todavia o pressuposto para a existência desses remédios é a falta grave de um dos cônjuges. Querer desvinculá-los, retirando a culpabilidade no divórcio não é a posição mais correta. Mesmo porque o próprio Código, quando regulariza os alimentos, prevê a obrigatoriedade da pensão ao inocente desprovido de recursos e o auxílio ao cônjuge culpado com dosagem indispensável à sobrevivência. Esse dispositivo também deve prosperar na nova normatização para os casos de divórcio litigioso:

Art. 1.702. Na separação judicial litigiosa, sendo um dos cônjuges inocente e desprovido de recursos, prestar-lhe-á o outro a pensão alimentícia que o juiz fixar, obedecidos os critérios estabelecidos no art. 1.694.

Art. 1.704. Se um dos cônjuges separados judicialmente vier a necessitar de alimentos, será o outro obrigado a prestá-los mediante pensão a ser fixada pelo juiz, caso não tenha sido declarado culpado na ação de separação judicial.

Parágrafo único. Se o cônjuge declarado culpado vier a necessitar de alimentos, e não tiver parentes em condições de prestá-los, nem aptidão para o trabalho, o outro cônjuge será obrigado a assegurá-los, fixando o juiz o valor indispensável à sobrevivência.

A Lei nº 6.515/1997 dedicou uma seção aos alimentos, prevendo, dentre outros detalhes, o dever da pensão para aquele que deu causa à separação. Eles são a base para a forma como estão redigidos os artigos relativos ao divórcio e não podem simplesmente ser suprimidos:

Seção IV – Dos Alimentos

Art. 19. O cônjuge responsável pela separação judicial prestará ao outro, se dela necessitar, a pensão que o juiz fixar.

DIVÓRCIO APÓS A EC Nº 66/2010

Art. 20. Para manutenção dos filhos, os cônjuges, separados judicialmente, contribuirão na proporção de seus recursos.

Art. 21. Para assegurar o pagamento da pensão alimentícia, o juiz poderá determinar a constituição de garantia real ou fidejussória.

§ 1º. Se o cônjuge credor preferir, o juiz poderá determinar que a pensão consista no usufruto de determinados bens do cônjuge devedor.

§ 2º. Aplica-se, também, o disposto no parágrafo anterior, se o cônjuge credor justificar a possibilidade do não recebimento regular da pensão.

Art. 22. Salvo decisão judicial, as prestações alimentícias, de qualquer natureza, serão corrigidas monetariamente na forma dos índices de atualização das Obrigações Reajustáveis do Tesouro Nacional – ORTN.

Parágrafo único. No caso do não pagamento das referidas prestações no vencimento, o devedor responderá, ainda, por custas e honorários de advogado apurados simultaneamente.

Art. 23. A obrigação de prestar alimentos transmite-se aos herdeiros do devedor, na forma do art. 1.796 do Código Civil.

O mesmo se diga sobre a guarda dos filhos.

A Lei nº 6.515/1977 prevê:

Art. 9º. No caso de dissolução da sociedade conjugal pela separação judicial consensual (art. 4º), observar-se-á o que os cônjuges acordarem sobre a guarda dos filhos.

Art. 10. Na separação judicial fundada no *caput* do art. 5º, os filhos menores ficarão com o cônjuge que a ela não houver dado causa.

§ 1º. Se pela separação judicial forem responsáveis ambos os cônjuges; os filhos menores ficarão em poder da mãe, salvo se o juiz verificar que de tal solução possa advir prejuízo de ordem moral para eles.

§ 2º. Verificado que não devem os filhos permanecer em poder da mãe nem do pai, deferirá o juiz a sua guarda a pessoa notoriamente idônea da família de qualquer dos cônjuges.

Art. 11. Quando a separação judicial ocorrer com fundamento no § 1º do art. 5º, os filhos ficarão em poder do cônjuge em cuja companhia estavam durante o tempo de ruptura da vida em comum.

Art. 12. Na separação judicial fundada no § 2º do art. 5º, o juiz deferirá a entrega dos filhos ao cônjuge que estiver em condições de assumir, normalmente, a responsabilidade de sua guarda e educação.

E o Código Civil normatizou:

Art. 1.586. Havendo motivos graves, poderá o juiz, em qualquer caso, a bem dos filhos, regular de maneira diferente da estabelecida nos artigos antecedentes a situação deles para com os pais.

• *Reprodução do art. 13 da Lei nº 6.515/1977.*

Os poucos artigos dedicados ao divórcio nada prescrevem sobre a proteção e guarda dos filhos. Portanto, seus termos devem ser preservados quando da nova regulamentação da Lei Civil e devidamente adaptados para o divórcio judicial litigioso.

Poder-se-ia dizer que os arts. 1.574 (este quase que reproduzindo o art. 4º da Lei nº 6.515/1977), 1.575 e 1.576 estejam revogados:

Art. 1.574. Dar-se-á a separação judicial por mútuo consentimento dos cônjuges se forem casados por mais de um ano e o manifestarem perante o juiz, sendo por ele devidamente homologada a convenção.

Parágrafo único. O juiz pode recusar a homologação e não decretar a separação judicial se apurar que a convenção não preserva suficientemente os interesses dos filhos ou de um dos cônjuges.

DIVÓRCIO APÓS A EC Nº 66/2010

Art. 1.575. A sentença de separação judicial importa a separação de corpos e a partilha de bens.

Parágrafo único. A partilha de bens poderá ser feita mediante proposta dos cônjuges e homologada pelo juiz ou por este decidida.

- *Reprodução do art. 7º da Lei nº 6.515/1977.*

Art. 1.576. A separação judicial põe termo aos deveres de coabitação e fidelidade recíproca e ao regime de bens.

Parágrafo único. O procedimento judicial da separação caberá somente aos cônjuges, e, no caso de incapacidade, serão representados pelo curador, pelo ascendente ou pelo irmão.

O art. 1.576 reproduziu o art. 3º da Lei nº 6.515/1977, exceto os §§ 2º e 3º que tratam da tentativa de conciliação pelo juiz, já retirada na lei civil de 2002 – o Estado deixando de intervir na vida do casal:

§ 2º. O juiz deverá promover todos os meios para que as partes se reconciliem ou transijam, ouvindo pessoal e separadamente cada uma delas e, a seguir, reunindo-as em sua presença, se assim considerar necessário.

§ 3º. Após a fase prevista no parágrafo anterior, se os cônjuges pedirem, os advogados deverão ser chamados a assistir aos entendimentos e deles participar.

Observe-se, no entanto, que esses são os procedimentos para o divórcio judicial consensual.

Por outro lado, os artigos normatizadores do divórcio existentes no Código carecem de mais detalhes se forem considerados em si próprios, sem os artigos antecedentes (que normatizavam seus pressupostos até então vigentes) e posteriores a respeito da proteção da pessoa dos filhos:

Art. 1.579. O divórcio não modificará os direitos e deveres dos pais em relação aos filhos.

70 DIVÓRCIO APÓS A EC Nº 66/2010

Parágrafo único. Novo casamento de qualquer dos pais, ou de ambos, não poderá importar restrições aos direitos e deveres previstos neste artigo.

● *O art. 1.579 reproduziu o art. 27 da Lei nº 6.515/1977.*

Por exemplo, se interpretarmos o art. 1.579 sem o contexto da lei, entende-se que o divórcio não altera os direitos e deveres dos pais em relação aos filhos. Ora, em um casamento onde os pais estão juntos e decidindo pela educação dos filhos, está óbvio qual a função de cada um dentro do contexto familiar, mas, quando do divórcio, fica em aberto quais são os deveres e direitos dos pais em relação aos filhos. Quais direitos e deveres do pai, se o filho, por exemplo, fica com a mãe? Assim, se juntarmos ao contexto do Capítulo X do Código, entende-se que permanecerá o que foi decidido em separação judicial.

Se não temos mais separação judicial e não há outra normatização, então se deve observar os artigos direcionados à separação judicial para regrar o divórcio.

Art. 1.581. O divórcio pode ser concedido sem que haja prévia partilha de bens.

Este artigo revogou, conforme entendimento jurisprudencial (Súmula 197 STJ), o art. 31 da Lei nº 6.515/1977:

Art. 31. Não se decretará o divórcio se ainda não houver sentença definitiva de separação judicial, ou se esta não tiver decidido sobre a partilha dos bens.

Cabe aqui ressaltarmos o avanço da legislação. Se há discussão sobre partilha e indiscutível a separação, decreta-se o divórcio e continua-se a demanda relativa aos bens do casal.

Entretanto, vale frisar que de acordo com o disposto no inciso III do art. 1.523 do mesmo Código, enquanto não efetuada a partilha dos bens do casal, o divorciado não poderá casar novamente, sob pena de ter de adotar o regime obrigatório de separação de bens, para evitar confusão de patrimônios, salvo se provar inexistência de qualquer prejuízo para o ex-cônjuge, conforme estipulado no parágrafo único desse artigo.

A exigência do legislador, para o caso de novo casamento, de o regime de bens ser obrigatoriamente o da separação, é importantíssima e demonstra a sua preocupação com as possíveis fraudes em relação à meação do ex-cônjuge.

Para resguardar esta questão, o julgador deverá, ao determinar a expedição de mandado de averbação do divórcio às margens da certidão de casamento, acrescentar nesta averbação a observação de que ainda não houve a partilha dos bens do casal.

Do contrário, o ex-cônjuge poderá casar sem ser no regime da separação obrigatória e, na hipótese de haver desvio de bens e, consequentemente, confusão de patrimônios, somente restará ao cônjuge lesado o ajuizamento posterior de uma ação indenizatória.

Art. 1.582. O pedido de divórcio somente competirá aos cônjuges.

Parágrafo único. Se o cônjuge for incapaz para propor a ação ou defender-se, poderá fazê-lo o curador, o ascendente ou o irmão.

● *Reprodução do Parágrafo único do art. 24 da Lei 6.515/1997.*

Mesmo que busquemos as normas remanescentes (que não foram reproduzidas pelo Código Civil) da Lei nº 6.515/1977, adaptando-as à norma Constitucional, ainda assim há a necessidade de nova normatização:

Capítulo II – Do Divórcio

Art. 24. O divórcio põe termo ao casamento e aos efeitos civis do matrimônio religioso.

Parágrafo único. O pedido somente competirá aos cônjuges, podendo, contudo, ser exercido, em caso de incapacidade, por curador, ascendente ou irmão.

Art. 25. A conversão em divórcio da separação judicial dos cônjuges existente há mais de um ano, contada da data da decisão ou da que concedeu a medida cautelar correspondente (art. 8°), será decretada por sentença, da qual não constará referência à causa que a determinou.

- *Art. 25, caput, com redação dada pela Lei n° 8.408, de 13.2.1992.*

Parágrafo único. A sentença de conversão determinará que a mulher volte a usar o nome que tinha antes de contrair matrimônio, só conservando o nome de família do ex-marido se a alteração prevista neste artigo acarretar:

I – evidente prejuízo para a sua identificação;

II – manifesta distinção entre o seu nome de família e dos filhos havidos da união dissolvida;

III – dano grave reconhecido em decisão judicial.

- *Parágrafo único e incisos acrescidos pela Lei n° 8.408, de 13.2.1992.*

Art. 26. No caso de divórcio resultante da separação prevista nos §§ 1° e 2° do art. 5°, o cônjuge que teve a iniciativa da separação continuará com o dever de assistência ao outro. (Código Civil – art. 231, n° III).

- *Referência ao CC/1916, no CC/2002, corresponde ao art. 1.566, III.*

Art. 28. Os alimentos devidos pelos pais e fixados na sentença de separação poderão ser alterados a qualquer tempo.

Art. 29. O novo casamento do cônjuge credor da pensão extinguirá a obrigação do cônjuge devedor.

Art. 30. Se o cônjuge devedor da pensão vier a casar-se, o novo casamento não alterará sua obrigação.

Art. 32. A sentença definitiva do divórcio produzirá efeitos depois de registrada no Registro Público competente.

Art. 33. Se os cônjuges divorciados quiserem restabelecer a união conjugal só poderão fazê-lo mediante novo casamento.

13. AFINAL, QUE TIPOS DE DIVÓRCIO PASSAM A EXISTIR COM A VIGÊNCIA DA EMENDA CONSTITUCIONAL Nº 66/2010? AINDA SE PODERÁ UTILIZAR A MEDIDA CAUTELAR DA SEPARAÇÃO DE CORPOS?

13.1. O divórcio extrajudicial

Agora sem o pressuposto temporal, aqueles que de comum acordo têm conscientemente decidido sobre a partilha dos bens, pensão, permanência ou não do nome do cônjuge, não possuírem filhos ou os mesmos já forem maiores e capazes, poderão optar pelo divórcio extrajudicial: procedimento relativamente simples e rápido, não esquecendo que se trata de uma escritura pública e que se deverá pagar por ela. Portanto, permanece intacto o art. 1.124-A do Código de Processo Civil.

13.2. O divórcio judicial consensual

Também, a qualquer tempo, as pessoas casadas, separadas de fato, separadas judicialmente, mas que possuam filhos menores ou incapazes e desejam se divorciar, agora podem fazê-lo sem a necessidade de esperar o decurso temporal ou comprovar a situação de fato. Seguir-se-á o previsto nos arts. 1.120 a 1.124 do Código de Processo Civil (nos termos do art. 40 da Lei 6.515/1977, com a exclusão dos incisos I e III – comprovação da separação de fato e produção de prova testemunhal), ou seja, deverão fazer seu pedido perante o juiz e a petição fixará o valor da pensão do cônjuge que dela necessitar indicando as garantias da obrigação assumida, apresentará a partilha dos bens para ser homologada, dissertará sobre a utilização do nome, da guarda e pensão dos filhos.

Podem optar pelo divórcio judicial consensual aqueles que estiverem aptos ao divórcio extrajudicial.

13.3. O divórcio judicial litigioso

Para os casos em que haja discórdia entre o casal. Nos termos do § 3º do art. 40 da Lei 6.515/1977, seguirá o rito ordinário e as partes discutirão questões sobre o valor da pensão alimentícia, da guarda dos filhos e partilha dos bens comuns. Quanto aos bens, nos termos do art. 1.581 do Código Civil, como já explanado, poder-se-á optar pelo procedimento autônomo de partilha, após o divórcio.

13.4. A separação de corpos

A medida cautelar prevista no art. 888, VI, do Código de Processo Civil, diante de possível e iminente perigo de violência em relação a filhos e/ou cônjuge, deverá ser utilizada pelo advogado.

Não tem mais razão de ser, no entanto, sua utilização para viabilizar termo inicial de prazo para conversão em divórcio.

MODELOS

1. ALIMENTOS COM FILHOS MENORES

EXMO. SR. JUIZ DE DIREITO NA (...) VARA DE FAMÍLIA DA COMARCA DE (...), ESTADO (...)

AÇÃO DE ALIMENTOS

(...), brasileira, casada, comerciária, e (...), menores impúberes, todos residentes e domiciliados na rua (...), nº (...), nesta cidade, por seu advogado (mandato anexo, documento 01), com escritório nesta cidade, na (...), onde receberá intimações, vêm propor a presente AÇÃO DE ALIMENTOS contra (...), brasileiro, casado, comerciante, residente e domiciliado na rua (...), nº (...), nesta cidade, em função do que se segue.

1. Os requerentes são, respectivamente, mulher e filhos do ora requerido (certidões de casamento e nascimento anexas, documentos 02 a 04).

2. Desde (...)/(...)/(...) o requerido não auxilia nas despesas do lar.

3. Além das despesas óbvias necessárias ao seu sustento e alimentação, necessitam os menores das despesas escolares e médicas, devendo ser pago, no fim do mês, o aluguel do imóvel (locado ao requerido, conforme o documento 05, anexo).

4. O requerido possui emprego fixo, na empresa (...), estabelecida na rua (...), n° (...), nesta cidade, onde exerce a função de (...), percebendo, atualmente, salário em torno de R$ (...)

5. Assim, resta-lhes requerer que V. Exa. fixe os alimentos provisórios em X% (... por cento) dos ganhos líquidos do requerido (deduzidos apenas os descontos obrigatórios), aí compreendidos inclusive as eventuais verbas rescisórias, férias, 13° salário, PIS, FGTS, horas extras e quaisquer outros rendimentos que lhe sejam ou venham a ser pagos em razão do vínculo empregatício, na proporção de metade para a mulher e de 25% para cada filho do casal, devendo a quantia daí resultante ser descontada diretamente na folha de pagamento do requerido pela empregadora, e assim entregue, contra recibo, à primeira requerente, promovendo-se a citação do requerido para que ofereça, no tempo e sob as penas da lei, a defesa que tiver, sendo afinal julgado procedente o pedido para o fim de transformar em alimentos definitivos os provisórios fixados.

6. Protestam pela produção da prova necessária.

Requer a assistência judiciária gratuita diante de sua precária situação financeira.

Dá-se à presente o valor de R$ (...)

Nestes termos,

Pede deferimento.

Local e Data

Nome e OAB

2. ALIMENTOS – SEM FILHOS

EXCELENTÍSSIMO SENHOR DOUTOR JUIZ DE DIREITO NA(...) VARA DE FAMÍLIA DA COMARCA DE (...)

AÇÃO CAUTELAR

(...) (nome, qualificação e residência), por seu procurador abaixo firmado, com escritório nesta cidade, na rua (...) onde receberá as intimações (procuração junta – doc. I), vem, respeitosamente, perante Vossa Excelência para, com fundamento nos arts. 802 e 852, II, do Código de Processo Civil, requerer contra seu cônjuge (...) (nome, qualificação e residência), a prestação de alimentos provisionais, tendo em vista os seguintes fatos e fundamentos:

1º. A requerente casou-se com o requerido em data (...) (documento anexo) o qual, injustificadamente, a partir da data de (...)/(...)/(...)abandonou o lar conjugal.

2º. Durante a vida em comum a requerente sempre dependeu financeiramente do Requerido e agora, apesar de possuir suficientes recursos, recusa-se em prestar alimentos à requerente.

3º. O Requerido possui emprego fixo e salário aproximado de R$ (...)

4º. Apesar de ter deixado o lar, não tem condições a Requerente, de imediato, refazer sua vida, procurar se atualizar profissionalmente e conseguir um emprego sem que lhe falte recursos para a mantença da casa e de sua subsistência.

Assim, em face do exposto, requer a citação do requerido para responder aos termos da presente, na qual se requer sua condenação ao pagamento da pensão alimentícia de, pelo menos, 20% (vinte por cento) de sua remuneração, incluindo férias, 13° e gratificações, tendo em vista as necessidades da requerente e as possibilidades financeiras daquele.

Protesta provar o alegado por todos os meios de prova em direito admitidos, inclusive oitiva de testemunhas, juntada de documentos e perícia, bem como seja o Requerido condenado ao pagamento das custas processuais e honorários advocatícios.

Requer, ainda, o benefício da assistência judiciária gratuita, por ser pessoa necessitada.

Dá-se à presente o valor de R$ (...)

Termos em que

Pede e espera deferimento

Local e Data

Nome e OAB

3. SEPARAÇÃO DE CORPOS

EXMO. SR. DR. JUIZ DE DIREITO DA (...) VARA DE FA-MÍLIA DA COMARCA DE (...)/(...)

MEDIDA CAUTELAR DE SEPARAÇÃO DE CORPOS

NOME DA(do) REQUERENTE (qualificação), por seu procurador infra-assinado, (procuração, doc. I), com escritório nesta cidade na (...), onde receberá as intimações, vem, mui respeitosamente, requerer a SEPARAÇÃO DE CORPOS, pelo rito de medida cautelar inominada, em relação a NOME DO(da) REQUERIDO(a) (qualificação), pelos fatos que se segue:

1. A medida, que tem fundamento nos arts. 7°, §1°, da Lei n° 6.515, de 26.12.1977, e 796 do Código de Processo Civil, impõe-se pelos motivos que passa a narrar: (expor e fundamentar o direito ameaçado e o receio da lesão).

Pelo exposto, REQUER:

Diante do perigo iminente, conforme argumentado retro, seja, "in limine", decretada a separação de corpos, autorizando a(o) requerente a sair, imediatamente, do local onde vivem.

A citação do(a) cônjuge para, querendo, contestar o pedido e indicar as provas que pretenda produzir.

Provar o articulado por meio de depoimento pessoal, depoimento de testemunhas, perícia e juntada de documentos.

Condenar o (a) requerido(a) ao pagamento das custas processuais e honorários de sucumbência a serem arbitrados por esse R. Juízo.

Dá-se à presente o valor de R$(...)

Termos que

Pede deferimento.

Local e Data

Nome e OAB

MODELOS 81

4. PEDIDO DE DIVÓRCIO CONSENSUAL

EXMO. SR. DR. JUIZ DE DIREITO NA (...) VARA DE FA-
MÍLIA DA COMARCA DE (...)/(...)

(Nome e qualificação do casal), por seu advogado e bastante
procurador que esta subscreve (proc. Doc. I), vêm, mui respeitosamente, expor e requerer a Vossa Excelência o seguinte:

1. Os requerentes contraíram matrimônio na data de (...), conforme se comprova pela certidão anexa (Doc. II), devidamente
registrada junto ao livro (...) fl. (...) do (...) Cartório (...).

2. O casal tem (...) filhos, como provam as respectivas certidões
de nascimento (docs(...))assim identificados: (...) nascido aos
(...)/(...)/(...) com (...) anos; (...) nascido aos (...)/(...)/(...) com
(...) anos.

3. Constatando que a união conjugal tornou-se insuportável, os
requerentes pretendem a extinção de seu casamento.

4. Os filhos menores ficarão com (...).

5. Os bens do casal serão assim repartidos: (...).

6. Observando-se que, legalmente, o divórcio põe termo ao
casamento e aos efeitos do casamento religioso (Lei n° 6.515,
de 26.12.1977, art. 24), que o pedido somente competirá aos
cônjuges (parágrafo único) e que o casamento civil pode ser
dissolvido pelo divórcio, conforme dispõe a Constituição da
República, em seu art. 226, § 6°, requerem, ouvido o M.D. re-

presentante do Ministério Público, seja decretado o divórcio, mandando-se averbar os termos da sentença no registro do casamento para produzir todos os efeitos jurídicos.

Dá-se à presente o valor de R$ (...).

Nestes termos,

Pede deferimento.

Data e assinatura do advogado e dos divorciandos.

5. DIVÓRCIO – PEDIDO UNILATERAL

EXMO. SR. DR. JUIZ DE DIREITO NA VARA DE FAMÍLIA E SUCESSÕES DA COMARCA DE (...)

(Nome completo), (qualificação e endereço), por seu advogado, com escritório nesta cidade, na (...), onde receberá as intimações (procuração doc. 01), vem, respeitosamente, perante Vossa Excelência, propor AÇÃO DE DIVÓRCIO em desfavor de (...) (nome, qualificação e endereço) pelos seguintes fatos e fundamentos:

I – DOS FATOS

1. DO CASAMENTO

A requerente e o requerido contraíram matrimônio na data de (...) (certidão anexa).

2. DOS FILHOS

O casal tem (...) filhos, como provam as respectivas certidões de nascimento (docs. nºs ...), os quais a requerente pretende manter a guarda, ressalvado ao requerido o direito de visita, podendo, também, ser pactuada a guarda compartilhada caso assim a deseje o requerido.

3. DOS BENS

O patrimônio do casal compõe-se de:

a) (...)

b) (...)

c) (...)

d) (...)

4. DOS ALIMENTOS

Para efeito de alimentos, a requerente pleiteia 20% do salário percebido pelo requerido para a mantença dos filhos e 10% do mesmo salário, para si própria, uma vez que não exerce profissão remunerada.

5. DA PARTILHA DO PATRIMÔNIO

A requerente sugere, para efeito de partilha dos bens:

CABERÁ À REQUERENTE:

a) (...)

b) (...)

CABERÁ AO REQUERIDO:

a) (...)

b) (...)

II – DO DIREITO

O divórcio poderá ser requerido, por um ou por ambos os cônjuges, (art. 1.580, § 2º, C. Civil e § 6º do artigo 226, da Constituição Federal, alterado pela Emenda Constitucional 66, de 13 de julho de 2010).

III – DO PEDIDO

DIANTE DO EXPOSTO, requer a citação do requerido para os termos da presente ação de divórcio, que espera seja julgada procedente para produzir todos os efeitos jurídicos.

Requer, ainda, a condenação do requerido nas custas e honorários de advogado.

Dá-se à causa o valor de R$(...)

Nestes termos

Pede deferimento.

Local (...), data (...).

Assinatura do(a) advogado(a)

OAB (...)

6. DIVÓRCIO – PEDIDO UNILATERAL DE SEPARADOS JUDICIALMENTE

EXMO. SR. DR. JUIZ DE DIREITO NA (...) VARA DE FAMÍLIA DA COMARCA DE (...)

(Nome completo), (qualificação e endereço), por seu procurador infra-assinado, com escritório nesta cidade, na rua (...) (procuração, doc. 01) vem, respeitosamente, perante Vossa Excelência, com fundamento no § 6° do art. 226 da Constituição Federal, alterada pela Emenda Constitucional n° 66, de 13 de julho de 2010, publicada aos 14 de julho de 2010, propor, em desfavor de (...), (qualificação e endereço), o presente pedido de DIVÓRCIO, para o que expõe e requer o seguinte:

I – Conforme se comprova pela certidão anexa (doc. 02), o requerente está separado judicialmente da requerida.

II – O requerente tem cumprido rigorosamente todas as obrigações assumidas no aludido procedimento judicial, fato que, segundo a lei, o habilita a promover o pedido de divórcio.

DIANTE DO EXPOSTO, requer a Vossa Excelência a citação da requerida para responder ao presente, no qual se requer a decretação do divórcio a fim de que surta seus efeitos legais, determinando-se a averbação junto ao Cartório respectivo.

Requer, ainda, a condenação do requerido nas custas e honorários de advogado.

Dá-se à presente, para fins fiscais, o valor de R$ (...)

Termos em que,

Pede deferimento.

Local (...), data (...).

Assinatura do(a) advogado(a)

OAB (...)

MODELOS 87

7. DIVÓRCIO EXTRAJUDICIAL – ESCRITURA PÚBLICA

LIVRO (...) – PRIMEIRO TRASLADO – FOLHAS (...).

ESCRITURA PÚBLICA DE SEPARAÇÃO CONSENSUAL

SAIBAM, quantos esta virem, que no ano do Nascimento de Nosso Senhor Jesus Cristo, de dois mil e dez (2010), aos quinze (15) dias do mês de JULHO (07) neste Cartório do (...°) Tabelião de Notas desta Cidade e Comarca de (...), Estado de (...), instalado na Avenida (rua, praça) (...), nº (...), bairro (...), perante mim Escrevente habilitada e o Tabelião que esta subscreve compareceram as partes entre si ajustadas, como outorgantes e reciprocamente outorgadas, a saber: de um lado, designado como "divorciando", JOSÉ CASADO, brasileiro, casado, bancário, portador do RG (...)/SSP-(...), expedido aos (...) de (...) de (...) e do CPF (...), residente e domiciliado na cidade de (...), na rua (...); e, de outro lado, a seguir designada simplesmente "divorcianda", MARIA QUERENDO DIVÓRCIO, brasileira, casada, economista, portadora do RG nº (...)/SSP-(...) e do CPF nº (...), residente e domiciliada na cidade de (...), na rua (...); comparece, ainda, como "ADVOGADO", Dr. (...), brasileiro, casado (solteiro), Advogado inscrito na OAB/(...), sob nº (...), no CPF/MF sob nº (...) e RG nº (...), residente e domiciliado na cidade de (...), onde tem seu endereço e escritório na rua (...), nº (...). Os presentes, reconhecidos como os próprios entre si e que foram devidamente identificados através dos documentos mencionados, cuja capacidade reconheço e do que dou fé, todo o tempo acompanhados e orientados pelo Advogado, outorgantes e outorgados reciprocamente, que por eles foi contratado para realizar o divórcio consensual, me foi dito e declarado o seguinte: PRIMEIRO – DISPOSIÇÕES INICIAIS: Que, através da presente Escritura e por esta forma de Direito, de mútuo e comum acordo, sem coações ou induzimentos, vêm celebrar o divórcio, dizendo e esclarecendo o que segue: (I) Do casamento e Regime: que são legalmente casados sob o regime da CO-MUNHÃO UNIVERSAL DE BENS (ou separação de bens), CONFORME ESCRITURA DE PACTO ANTENUPCIAL LAVRADA NO (...) CARTÓRIO NOTARIAL DE (...)/(...), livro D (...), fl. (...), datado de (...) de (...) de (...), registrado sob o n° (...), fl. (...), Livro (...) – Registro Auxiliar, no (...) Cartório de Registro de Imóveis de (...)/(...) aos (...) de (...) de (...), (no caso do regime da COMUNHÃO PARCIAL DE BENS não há pacto antenupcial), tendo contraído seu matrimônio na data de (...) de (...) de (...), casamento que foi celebrado pelo Oficial de Registro Civil e Casamento de (...)/(...), Termo n° (...), Livro (...), fl. (...), tendo ambos os cônjuges preservado o mesmo nome [ou tendo o cônjuge (...) adotado o nome de (...)], tendo sido apresentada a respectiva certidão de casamento, expedida em (...) de (...) de (...) (a certidão deve ser recente, menos de 30 dias), que fica arquivada nestas notas em pasta própria sob o número abaixo; (II) Dos Filhos: na constância do matrimônio tiveram um filho, MAIOR E CAPAZ, a saber: JOSÉ MARIA QUERENDO DIVÓRCIO CASADO, nascido em (...) de (...) de (...), conforme certidão de nascimento expedida pelo Oficial do (...)° Ofício de Registro Civil e Casamento de (...)/(...), Termo n° (...), Livro (...), fl. (...), cuja certidão ficará arquivada nesta nota em pasta própria sob o número abaixo; (III) Dos Requisitos do Divórcio: que, não mais desejando manter a sociedade conjugal, declaram, de espontânea vontade, sem qualquer sugestão, coações ou induzimentos, o seguinte: (a) a convivência matrimonial entre eles tornou-se intolerável, pelo que já haviam concluído não haver a possibilidade de reconciliação; (b) que o divórcio ora por eles requerido preserva os interesses dos cônjuges e não prejudica o interesse de terceiros. SEGUNDO – DIVÓRCIO CONSENSUAL: Que, neste ato, de forma expressa, celebram o divórcio consensual, por mútuo consentimento, uma vez que eles outorgantes e reciprocamente outorgados não mais desejam manter a sociedade conjugal e, dessa forma, atendidos os requisitos legais, e ante o acompanhamento e orienta-

Modelos

ção propiciada pelo Advogado, pela presente Escritura, nos termos do artigo 1.124-A do Código de Processo Civil, acrescido pela Lei nº 11.441 de 4 de janeiro de 2007, com as alterações tácitas determinadas pela redação do § 6º do artigo 226 da Constituição Federal alterado pela Emenda Constitucional nº 66, de 13 de julho de 2010, publicada aos 14 de julho de 2010, após atendendo ao pedido e vontade das partes, fica extinta a sociedade conjugal entre eles, que passam a ter o estado civil de DIVORCIADOS CONSENSUALMENTE; em decorrência desse divórcio ficam extintos os deveres de fidelidade recíproca e coabitação, o regime de bens e de mútua assistência, ressalvando a mantença do respeito e consideração mútuos normal entre pessoas socialmente saudáveis. TERCEIRO – DA PARTILHA: I) Os outorgantes e reciprocamente outorgados declaram, sob as penas da Lei, possuirem os seguintes bens imóveis em comum, que serão objetos de partilha futura: a) (...); b) (...); (descrição dos imóveis); II) Esclarecem os outorgantes e reciprocamente outorgados que a partilha futura será feita da seguinte forma: "(*descrever como serão realizadas as transações imobiliárias*)"; III) Os outorgantes e reciprocamente outorgados declaram que os bens móveis já foram partilhados em comum acordo e que não possuem débitos ou obrigações; IV) relativamente ao veículo (identificar) permanecerá na posse e propriedade de (...); V) não possuem contas bancárias e aplicações financeiras em conjunto. QUARTO – NOMES: Os divorciandos permanecem com os nomes com os quais vieram antes do casamento. QUINTO – DOS ALIMENTOS: Estabelecem que o divorciado José Casado se responsabilizará pela metade de todas as despesas do filho até que o mesmo termine a faculdade que já está cursando. SEXTO – DAS DISPOSIÇÕES FINAIS: I) Que, dessa forma, dão por extinta a sociedade conjugal, requerendo e autorizando ao Sr. Oficial do Registro Civil competente as averbações necessárias no respectivo Termo de Casamento; II) Que prometem fazer esta Escritura sempre boa e valiosa, representando a vontade recíproca dos outorgantes e reciprocamente outorgados; III) As partes afirmam sob responsabilidade civil e criminal que os fatos aqui relatados e declarações feitas são a exata expressão da verdade. SÉTIMO – DO ACONSELHAMENTO DO ADVOGADO: Então pelo Advogado foi dito ter sido previamente constituído pelos outorgantes e reciprocamente outorgados, para acompanhá-los e orientá-los no processo de divórcio, pelo que verificou os requisitos legais aplicáveis, dos quais deu a eles o conhecimento devido, tendo aconselhado e advertido das consequências do divórcio; que, dos termos desta Escritura, foram por ele orientados e assim aceita este Instrumento Público. Finalmente, pelos outorgantes e reciprocamente outorgados foi dito mais e finalmente, na minha presença e do Assistente, estarem convictos de que a extinção da referida sociedade conjugal é a melhor solução para ambos, não mais havendo possibilidade de reconciliação, que embora proposta tanto pelo Assistente como por este Notário, a recusaram e, finalmente, que aceitavam esta Escritura em todos os termos por expressar a sua vontade. Assim disseram, do que dou fé, pediram e lhes lavrei a presente, a qual feita e lhes sendo lida acharam conforme, outorgaram, aceitaram e assinam, dispensando a presença e assinaturas de testemunhas instrumentárias para este ato. A presente está sendo cotada: R$ (...)-emol; R$ (...)-Estado; R$ (...); R$ (...)-Reg. Civil; R$ (...)-Trib. Just. Eu, ESCRIBA LEIDE, escrevente habilitada, a digitei. E eu, JOÃO CARIMBO DA MATTA, Tabelião, a subscrevi e assino (AA) (...)/(...)/(...)/(...), escrivão, a digitei, subscrevi e assino(aa.) (Legalmente selada). NADA MAIS. Trasladada em seguida. EU, (...) (JOÃO CARIMBO DA MATTA) conferi, subscrevi, dou fé e assino em público e raso.

EM TEST.(...). DA VERDADE

(...).

JOÃO CARIMBO DA MATTA
Tabelião

ANEXOS

EMENDA CONSTITUCIONAL Nº 66, DE 13 DE JULHO DE 2010

Dá nova redação ao § 6º do art. 226 da Constituição Federal, que dispõe sobre a dissolubilidade do casamento civil pelo divórcio, suprimindo o requisito de prévia separação judicial por mais de 1 (um) ano ou de comprovada separação de fato por mais de 2 (dois) anos.

As Mesas da Câmara dos Deputados e do Senado Federal, nos termos do art. 60 da Constituição Federal, promulgam a seguinte Emenda ao texto constitucional:

Art. 1º. O § 6º do art. 226 da Constituição Federal passa a vigorar com a seguinte redação:

"Art. 226. ....
....

§ 6º. O casamento civil pode ser dissolvido pelo divórcio."(NR)

Art. 2º. Esta Emenda Constitucional entra em vigor na data de sua publicação.

Brasília, em 13 de julho de 2010.

Mesa da Câmara dos Deputados – Deputado Michel Temer, Presidente

Mesa do Senado Federal – Senador José Sarney, Presidente

DOU de 14.7.2010

CONSTITUIÇÃO FEDERAL (Excertos)

TÍTULO VIII – DA ORDEM SOCIAL

Capítulo VII
Da Família, da Criança, do Adolescente e do Idoso
● *Redação anterior.*

Da Família, da Criança, do Adolescente, do Jovem e do Idoso

● *Nome do Capítulo com redação dada pela Emenda Constitucional n° 65, de 13.7.2010*

Art. 226. A família, base da sociedade, tem especial proteção do Estado.

§ 1º. O casamento é civil e gratuita a celebração.

§ 2º. O casamento religioso tem efeito civil, nos termos da lei.

§ 3º. Para efeito da proteção do Estado, é reconhecida a união estável entre o homem e a mulher como entidade familiar, devendo a lei facilitar sua conversão em casamento.

§ 4º. Entende-se, também, como entidade familiar a comunidade formada por qualquer dos pais e seus descendentes.

§ 5º. Os direitos e deveres referentes à sociedade conjugal são exercidos igualmente pelo homem e pela mulher.

§ 6º. O casamento civil pode ser dissolvido pelo divórcio, após prévia separação judicial por mais de um ano nos casos expressos em lei, ou comprovada separação de fato por mais de dois anos.

● *Redação anterior.*

§ 6º O casamento civil pode ser dissolvido pelo divórcio.

● *§ 6º com redação dada pela Emenda Constitucional n° 66, de 13.7.2010*

§ 7º. Fundado nos princípios da dignidade da pessoa humana e da paternidade responsável, o planejamento familiar é livre decisão do casal, competindo ao Estado propiciar recursos educacionais e científicos para o exercício desse direito, vedada qualquer forma coercitiva por parte de instituições oficiais ou privadas.

§ 8º. O Estado assegurará a assistência à família na pessoa de cada um dos que a integram, criando mecanismos para coibir a violência no âmbito de suas relações.

ANEXOS

Art. 227. É dever da família, da sociedade e do Estado assegurar à criança e ao adolescente, com absoluta prioridade, o direito à vida, à saúde, à alimentação, à educação, ao lazer, à profissionalização, à cultura, à dignidade, ao respeito, à liberdade e à convivência familiar e comunitária, além de colocá-los a salvo de toda forma de negligência, discriminação, exploração, violência, crueldade e opressão.

● *Redação anterior.*

Art. 227. É dever da família, da sociedade e do Estado assegurar à criança, ao adolescente e ao jovem, com absoluta prioridade, o direito à vida, à saúde, à alimentação, à educação, ao lazer, à profissionalização, à cultura, à dignidade, ao respeito, à liberdade e à convivência familiar e comunitária, além de colocá-los a salvo de toda forma de negligência, discriminação, exploração, violência, crueldade e opressão.

● *Art. 227, caput, com redação dada pela Emenda Constitucional n° 66, de 13.7.2010*

§ 1°. O Estado promoverá programas de assistência integral à saúde da criança e do adolescente, admitida a participação de entidades não governamentais e obedecendo os seguintes preceitos:

● *Redação anterior.*

§ 1° O Estado promoverá programas de assistência integral à saúde da criança, do adolescente e do jovem, admitida a participação de entidades não governamentais, mediante políticas específicas e obedecendo aos seguintes preceitos:

● *§ 1°, caput, com redação dada pela Emenda Constitucional n° 66, de 13.7.2010*

I – aplicação de percentual dos recursos públicos destinados à saúde na assistência materno-infantil;

II – criação de programas de prevenção e atendimento especializado para os portadores de deficiência física, sensorial ou mental, bem como de integração social do adolescente portador de deficiência, mediante o treinamento para o trabalho e a convivência, e a facilitação do acesso aos bens e serviços coletivos, com a eliminação de preconceitos e obstáculos arquitetônicos.

● *Redação anterior.*

II – criação de programas de prevenção e atendimento especializado para as pessoas portadoras de deficiência física, sensorial ou mental, bem como de integração social do adolescente e do jovem portador de deficiência, mediante o treinamento para o trabalho e a convivência, e a facilitação do acesso aos bens e serviços coletivos,

94 DIVÓRCIO APÓS A EC Nº 66/2010

com a eliminação de obstáculos arquitetônicos e de todas as formas de discriminação.

- *Inciso II com redação dada pela Emenda Constitucional nº 66, de 13.7.2010*

§ 2º. A lei disporá sobre normas de construção dos logradouros e dos edifícios de uso público e de fabricação de veículos de transporte coletivo, a fim de garantir acesso adequado às pessoas portadoras de deficiência.

§ 3º. O direito a proteção especial abrangerá os seguintes aspectos:

I – idade mínima de quatorze anos para admissão ao trabalho, observado o disposto no art. 7º, XXXIII;

II – garantia de direitos previdenciários e trabalhistas;

III – garantia de acesso do trabalhador adolescente à escola;

- *Redação anterior.*

III – garantia de acesso do trabalhador adolescente e jovem à escola;

- *Inciso III com redação dada pela Emenda Constitucional nº 66, de 13.7.2010*

IV – garantia de pleno e formal conhecimento da atribuição de ato infracional, igualdade na relação processual e defesa técnica por profissional habilitado, segundo dispuser a legislação tutelar específica;

V – obediência aos princípios de brevidade, excepcionalidade e respeito à condição peculiar de pessoa em desenvolvimento, quando da aplicação de qualquer medida privativa da liberdade;

VI – estímulo do Poder Público, através de assistência jurídica, incentivos fiscais e subsídios, nos termos da lei, ao acolhimento, sob a forma de guarda, de criança ou adolescente órfão ou abandonado;

VII – programas de prevenção e atendimento especializado à criança e ao adolescente dependente de entorpecentes e drogas afins.

- *Redação anterior.*

VII – programas de prevenção e atendimento especializado à criança, ao adolescente e ao jovem dependente de entorpecentes e drogas afins.

- *Inciso VII com redação dada pela Emenda Constitucional nº 66, de 13.7.2010*

§ 4º. A lei punirá severamente o abuso, a violência e a exploração sexual da criança e do adolescente.

ANEXOS

§ 5°. A adoção será assistida pelo Poder Público, na forma da lei, que estabelecerá casos e condições de sua efetivação por parte de estrangeiros.

§ 6°. Os filhos, havidos ou não da relação do casamento, ou por adoção, terão os mesmos direitos e qualificações, proibidas quaisquer designações discriminatórias relativas à filiação.

§ 7°. No atendimento dos direitos da criança e do adolescente levar-se- á em consideração o disposto no art. 204.

§ 8° A lei estabelecerá:

I – o estatuto da juventude, destinado a regular os direitos dos jovens;

II – o plano nacional de juventude, de duração decenal, visando à articulação das várias esferas do poder público para a execução de políticas públicas.

* *§ 8° e incisos acrescidos pela Emenda Constitucional n° 66, de 13.7.2010*

Art. 228. São penalmente inimputáveis os menores de dezoito anos, sujeitos às normas da legislação especial.

Art. 229. Os pais têm o dever de assistir, criar e educar os filhos menores, e os filhos maiores têm o dever de ajudar e amparar os pais na velhice, carência ou enfermidade.

Art. 230. A família, a sociedade e o Estado têm o dever de amparar as pessoas idosas, assegurando sua participação na comunidade, defendendo sua dignidade e bem-estar e garantindo-lhes o direito à vida.

§ 1°. Os programas de amparo aos idosos serão executados preferencialmente em seus lares.

§ 2°. Aos maiores de sessenta e cinco anos é garantida a gratuidade dos transportes coletivos urbanos.

BIBLIOGRAFIA

ENGELS, Friedrich. *A origem da família, da propriedade privada e do Estado*. Tradução de Leandro Konder, 8ª ed., Rio de Janeiro: Civilização Brasileira, 1982.

GUIMARÃES, Roberto Marinho. Disponível em: <http://robertomarinhoguima raes.blogspot.com/2010/07/divorcio-alteracao-constitucional-e.html>.

MIRANDA, Pontes de. *Tratado de Direito Privado, vol. 7 e 8, Direito de Família*. 2ª ed., Rio de Janeiro: Borsoi, s/d.

PEREIRA, Caio Mário da Silva. *Instituições de Direito Civil*, vol. V, Direito de Família. 14ª ed., Rio de Janeiro: Forense, 2004.

————. *Instituições de Direito Civil*, vol. I, Introdução do Direito Civil, Teoria Geral do Direito Civil. 19ª ed., Rio de Janeiro: Forense, 1999.

SANTOS, J. M. de Carvalho. *Código Civil Brasileiro Interpretado*. Suplemento I, volume XXVI, 4ª ed., Rio de Janeiro: Livraria Freitas Bastos, 1953.

VENOSA, Sílvio de Salvo. *Direito Civil – Direito de Família* (vol. 5). São Paulo: Atlas, 2001.

www.camara.gov.br

www.ibdfam.org.br

www.planalto.gov.br

www.senado.gov.br